Autorenteam des nlpaed

Klasse Stimmung!

50 Methoden für ein gelingendes Miteinander und eine positive Lernatmosphäre in der Schule

Verlag an der Ruhr

Titel
Klasse Stimmung!
50 Methoden für ein gelingendes Miteinander und eine positive
Lernatmosphäre in der Schule

Autoren
Rolf-Dieter Aff, Regina M. Bach, Gudrun Heinrichmeyer, Maria Hublitz,
Herbert Just, Alexandra Lux, Christina Mager

Titelbildmotiv
© oleg66 – iStockphoto.com

Lektorat
Monika Strobl

Fotos
Fotolia: S. 9 © Klaus Eppele; S. 10 © kare1501; S. 11 © akiebler; S. 39 © faysal farhan; S. 40 © Woodapple;
S. 73 © amadeusz; S. 74 © Monkey Business; S. 75 © Howard Sandler; S. 115 © klickerminth;
S. 116 © Sandor Jackal; S. 117 © Markus Schieder; S. 159 © Maria Hublitz; S. 176 © gedutec;
andere: S. 41 © Rolf-Dieter Aff; S. 160 © Maria Hublitz; S. 178 © Rolf-Dieter Aff; S. 179 © Regina M. Bach;
S. 180 © Gudrun Heinrichmeyer; S. 181 © Maria Hublitz; S. 182 © Herbert Just; S. 183 © Alexandra Lux;
S. 184 © Christina Mager

Verlag an der Ruhr
Mülheim an der Ruhr
www.verlagruhr.de

Geeignet für die Klassen 5–13

Unser Beitrag zum Umweltschutz:
Wir sind seit 2008 ein ÖKOPROFIT®-Betrieb und setzen uns damit aktiv für den Umweltschutz ein.
Das ÖKOPROFIT®-Projekt unterstützt Betriebe dabei, die Umwelt durch nachhaltiges Wirtschaften
zu entlasten. Unsere Produkte sind grundsätzlich auf chlorfrei gebleichtes und nach Umwelt-
schutzstandards zertifiziertes Papier gedruckt.

© **Verlag an der Ruhr 2014**
ISBN 978-3-8346-2617-2

Printed in Germany

Inhaltsverzeichnis

„Wie man in den Wald hineinruft, …" – Sie wissen schon: Kommunikation ist immer das, was ankommt. Kommunikation ist ihre eigene Wirkung. Auf diese Wirkung reagieren wir. Doch: Was wirkt da eigentlich, wenn es denn wirkt? Richtig: Es ist in erster Linie die Stimmung, die immer mitschwingt, wenn jemand etwas sagt. Es sind die Stimmungen, die anstecken oder lustlos machen, die motivieren oder langweilen. Lernen macht Freude, wenn die Stimmung in der Klasse stimmt, wenn Lehrer[1] und Schüler ihre Beziehung zueinander als stimmig erleben. Wie das geht? „Klasse Stimmung!" zeigt es anschaulich, praxisnah und informativ.

Alles fängt mit dem Lehrer an. Er ist Zentrum des Lernprozesses und zugleich dessen Moderator. Er ist der Stimmungsmacher, indem er Beziehungsstifter ist – ganz im Sinne der Ergebnisse, die die Hattie-Studie[2] zeigt! Ist der Lehrer gut drauf, hat er eine gute Stimmung, dann überträgt sich das auf die Lernenden. Sie kommen in Resonanz zum Lehrer, erwidern dessen Stimmung: Sie sind gut gestimmt. Die Beziehungsebene stimmt. Was gibt es Wichtigeres als einen Teppich von Resonanz, auf dem Lernen stimmungsvoll wird? Das gilt nicht nur für das Arbeiten in der Klasse, sondern in jeder Kommunikationssituation. Die Beziehungsebene jeder kommunikativen Interaktion bestimmt, was die Gesprächspartner auf der Sachebene sagen, ja, was sie sich trauen, zu sagen, und sich gegenseitig zumuten. Elternsprechtage zum Beispiel – sie bergen hohes Konfliktpotenzial. Mancher Elternteil sitzt dem Lehrer mit geballter Faust gegenüber. Wie kann man diese Aggression umlenken? „Klasse Stimmung!" zeigt es: Der Lehrer hilft, den Blick der Eltern neu auszurichten. Der Lehrer ist nicht der Feind, nein, er möchte gemeinsam mit den Eltern die Entwicklung des Kindes unterstützen. Das Kind steht so wieder im Zentrum und eine gemeinsame Orientierung am Wesentlichen wird möglich. Wie fördern wir das Kind? Wie fordern wir es (heraus)? Diese Perspektive ändert die Stimmung im Gespräch. Ein Wir-Gefühl ist geboren, die Beziehung ist stimmig und trägt die Gesprächspartner.

„Klasse Stimmung!" – ein klasse Buch, das den Leser kompetent einstimmt und mitnimmt auf eine Reise durch den Schulalltag. Die Autoren, allesamt erfahrene Pädagogen, zeigen uns typische Handlungssituationen, die Lehrer zu meistern haben: Wie gewinne ich meinen Standpunkt zu Beginn des Unterrichts? Wie gehe ich mit Fehlern meiner Schüler um? Wie helfe ich Schülern, ihre eigenen

---

[1] Aus Gründen der besseren Lesbarkeit haben wir in diesem Buch durchgehend die männliche Form verwendet. Natürlich sind damit auch immer Frauen und Mädchen gemeint, also Lehrerinnen, Schülerinnen etc.

[2] John Hattie (besorgt von: Beywl, Wolfgang/Zierner, Klaus: Lernen sichtbar machen für Lehrpersonen. Schneider Verlag Hohengehren, Baltmannsweiler 2014) zeigt in seiner Meta-Studie unter anderem: Für das Lernen und den Lernerfolg ist die Beziehungssituation zwischen Lehrer und Schülern, also das Lernklima, von entscheidender Bedeutung.

Ziele zu finden und zu formulieren? Wie entwickle ich mit den Schülern Klassenregeln und Rituale? Die Autoren wissen: In diesen und anderen Situationen stecken Probleme und Gefahren. Aber diese Situationen sind auch Herausforderung und Chance. Wie soll, wie kann der Lehrer in diesen Situationen handeln? Und, besonders wichtig und nachhaltig: Welche innere Haltung braucht er dazu? Antworten geben die Autoren aus der spezifischen Sicht der Kinder und Jugendlichen, stets behutsam, stets achtsam und immer als Angebot. Der Leser kann so seine Kompetenzen nach und nach erweitern. Und er spürt auf jeder Seite des Buches: Die Autoren meinen es ernst – mit der Sache, mit den Lernenden und mit mir als Leser. Eine Stimmung, die das Lesen zu einer lebendigen Beziehung macht.

Bochum, im Januar 2014
Dr. Udo Kliebisch

Fachleiter im Kernseminar am ZfsL Dortmund, Systemischer Coach (WIBK-zertifiziert nach Richtlinien DBVC) und KODE®-Kompetenztrainer (ACT-zertifiziert)

■ Ein paar Worte zum Entstehen und Gebrauch des Buches

Das Buch, das Sie gerade in der Hand halten oder lesen, ist eine Sammlung von erprobten und gelungenen Unterrichtssequenzen, die von den Autoren als „Best of" bezeichnet werden. Sie ermöglichen eine „Klasse Stimmung" im Unterrichtsgeschehen und erzielen damit Lernerfolge.

Den Herausgebenden ist gemeinsam, dass sie mit den Wertvorstellungen und den Methoden des Neurolinguistischen Programmierens – kurz NLP genannt – arbeiten und damit beständig die eigene Selbst- und Beziehungskompetenz im Unterrichtsgeschehen weiterentwickelt haben. Der Fokus liegt dabei auf der Lern- und Beziehungsebene.

Sie gehen von folgenden pädagogischen Grundannahmen im Lerngeschehen aus:

✗ Lernen ist ein bewusstes und unbewusstes Geschehen.

✗ Auf einer wertschätzenden Beziehungsebene lernt es sich schneller.

✗ Wer sich seiner führenden und leitenden Rolle bewusst ist, kommt gut und sicher mit den Lernenden ans Ziel.

✗ Sprache hat eine Oberflächenstruktur und eine Tiefenstruktur, die entscheidend zum Unterrichtserfolg beiträgt.

✗ Die Überzeugungen des Lehrenden beeinflussen wesentlich die Ergebnisse seines Unterrichts.

✗ Die Selbstreflexion und Selbstwahrnehmung des Lehrenden bestimmen die Qualität von Unterricht wesentlich mit.

✗ Die Lösungen liegen in der Person selbst.

✗ Jeder hat eine andere Wahrnehmungslandkarte und eine eigene Lernstrategie.

✗ Ihre Erfahrung lehrt sie, dass der Weg in eine neue Beziehungskultur und erfolgreiches Unterrichten dann möglich ist, wenn
→ Lehrende und Lernende in einem ressourcevollen Zustand sind,
→ sie sich ihrer wichtigsten Werte bewusst sind,
→ sie lösungsorientierte, positive, vertrauensvolle Überzeugungen haben und leben,
→ sie ihre Strategien und Fähigkeiten kennen und

→ sich dies alles im Verhalten des Lehrenden in unterschiedlichen Kontexten widerspiegelt und im Miteinander wahrnehmbar ist.

Kurz gesagt: eine kongruente Lehrpersönlichkeit hat Erfolg!

So unterschiedlich wie das Autorenteam ist, so unterschiedlich sind die inhaltlichen Formulierungen der „Best of"-Artikel.

Die **gemeinsame Struktur** besteht darin, dass es zu den **einzelnen Kapiteln eine Einleitung** und zu **jedem Artikel** einen „**Überblickkasten**" gibt. Dieser enthält:

✗ Anwendungsbereich

✗ Lernziel

✗ Zielgruppe

✗ Zeitaufwand

✗ Material

Dann folgen Hinweise zur inneren Haltung, ggf. Vorbemerkungen und Vorgehen.

Viel Spaß und Experimentierfreude beim Unterrichten!

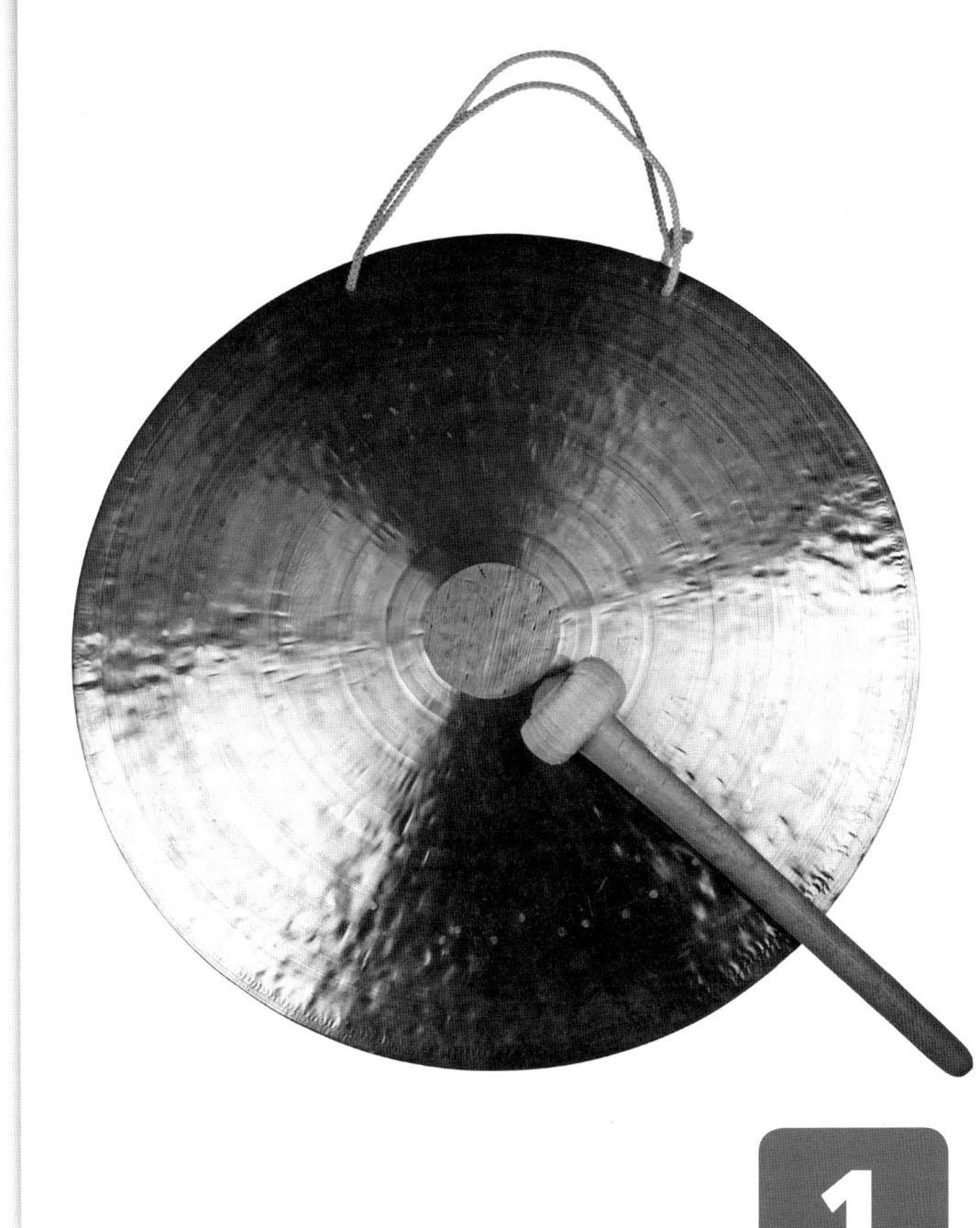

1

Einstimmung

■ Einführung

Alexandra Lux

Aller Anfang ist ... – Sofort fällt uns da ein Wort ein, das die ganze Vorfreude schnell verschwinden lässt. Doch **aller Anfang ist wichtig**! Ein paar Vorüberlegungen helfen zu einem **gelingenden Start in das Schuljahr** und **in die Beziehung**, die wir zu neuen Personen eingehen werden. Wie heißt es so schön: „Gut geplant ist halb gewonnen."

Wie Sie schon erkannt haben, ist die **Wahl der Worte** entscheidend für die Gefühle, die wir wecken, und somit die Stimmung, die wir hervorrufen. Positive, angenehme Worte erzeugen also tatsächlich eine wohlwollende Atmosphäre. Sogar die Wortwahl bei den Arbeitsmaterialien beeinflusst den Lernzuwachs. Doch nicht nur Worte leiten das Verhalten in einer Gruppe, auch **Blicke** haben verschiedene Wirkungen: Eindeutige, nonverbale Signale wirken nerven- und stimmschonend; ein peripherer oder fokussierender Blick ermöglicht neue Sichtweisen und wirkt steuernd.

Pädagogen stehen nicht nur Schülern gegenüber, sondern kommunizieren auch mit Eltern. Hier ist ebenfalls eine nicht nur inhaltliche Vorbereitung sehr hilfreich, um gemeinsam für das Kind zu agieren. Ein paar **Gedanken zur**

Beziehungsebene entschärfen so manche Situation! Der häufigste Verursacher für Konflikte ist das Missverständnis. Dann ist es spannend, den **eigenen Blickwinkel** bewusst zu überprüfen und ggf. zu verändern. Das ist leicht und erweitert den Horizont.

Eine **positive Stimmung** mit einer bewussten Grundhaltung beeinflusst die zwischenmenschliche Ebene. Inhaltlich ist es hilfreich, wenn alle Beteiligten das gleiche Ziel ansteuern. Ein „Daumen hoch", also ein „Like" der Jugendlichen für das nächste Ziel, sollte diesen Weg ebnen. Mit dieser einfachen Übung kann die Kraft der inneren Bilder und Vorstellungen veranschaulicht werden: Bilder und Worte aus der Zukunft in die Gegenwart holen und deren Kraft zur Zielerreichung nutzen.

Zu Beginn ein wenig Zeit für Beziehung und in eine **positive, gemeinsame Lernkultur** zu investieren, gibt dem gesamten Jahr viel Leichtigkeit, Freude und Schwung.

Zu diesen Gedanken bekommen Sie in diesem Kapitel **Impulse**, die sofort umsetzbar sind.

Unbewusste Assoziationsketten – Steuerung der kognitiven Verarbeitung

Gudrun Heinrichmeyer

Anwendungsbereich:	Haltung des Lehrers
Lernziel:	gute Zustände erzeugen/sprachliche Präzision
Zielgruppe:	Lehrer aller Schularten
Zeitaufwand:	unterschiedlich
Material:	Unterrichtsmaterialien zur Sichtung auf Priming-Prozesse

 Innere Haltung

Verantwortungsbewusstsein/Wertschätzung/sprachliche Präzision. Ich bin als Lehrer mitverantwortlich für die Lernleistung meiner Schüler.
Ich achte genau darauf, was ich mit meinem Unterricht, meinem Arbeitsmaterial bei den Schülern bewirke. Fehler sind da, um aus ihnen zu lernen.

Vorbemerkungen

Unter Priming versteht man in der Psychologie, dass die kognitive Verarbeitung einer Information von vorher dargebotenen Reizen beeinflusst wird. So werden z.B. unbewusste Gedächtnisinhalte durch dargebotene Worte aktiviert, ohne ins Bewusstsein zu gelangen. Diese aktivierten Inhalte verändern nun unbemerkt die Verarbeitung der darauffolgenden Aufgabe. Aktiviert werden unter anderem Gefühlsinhalte, die sich fördernd oder hindernd auf das Lernen auswirken können, sowie Wortfelder, die es dem Schüler erleichtern, damit zusammenhängende Inhalte schneller zuzuordnen. Im NLP sprechen wir von geankerten Assoziationsketten und Zuständen.

Angenehme emotionale Zustände fördern Lernen und Behalten. In erster Linie ist es sicher wichtig, dass Sie als Lehrer durch Ihre Wortwahl angenehme emotionale Zustände bei den Schülern aktivieren, da Schüler in gutem Zustand leichter lernen und Inhalte besser behalten.
Das fängt natürlich mit Ihrer eigenen Stimmung an. Nur wer selbst in guter Stimmung ist, benutzt Worte, die bei anderen Menschen angenehme Stimmungen auslösen. Das oberste Gebot für Lehrer ist also: Sorgen Sie zunächst

gut für sich selbst. Erzeugen Sie, falls notwendig, z. B. mit Hilfe erfreulicher Erinnerungen, einen angenehmen emotionalen Zustand, bevor sie Ihre Schüler unterrichten. So geleiten Sie sie ebenfalls in gute Stimmung.

Durchforsten und optimieren Sie nun mit dem Wissen um Priming-Effekte Ihr Arbeitsmaterial. Achten Sie darauf, welche Worte – auch in einer anderen, übertragenen Bedeutung – positive bzw. negative emotionale Zustände auslösen können. Wie steht es mit Worten wie „dürfen", „können", „wollen" etc. im Vergleich zu „müssen", „sollen" etc.? „Dürfen", „können" und „wollen" erzeugen natürlich angenehmere Zustände als „müssen", „sollen" etc. Worte wie „sicher", „genau", „ruhig", „können", „wissen", „natürlich", „leicht" etc. sind mehrdeutig. Ich kann z. B. sicher (im Sinne von sicherlich) Deutsch verstehen, Auto fahren, gehen und sprechen oder ich kann mich sicher fühlen (im Sinne von Sicherheit) oder mir sicher sein. Worte wie „sicher" etc. lösen angenehme emotionale Zustände aus. Diese Worte können Sie natürlich reichlich als Füllwörter, z. B. in Anweisungen und Geschichten, benutzen. Die Worte lösen Assoziationsketten aus, die Zuversicht und Gelassenheit hervorrufen und so die kognitive Verarbeitung beschleunigen. Worte wie „freuen", „dranbleiben", „erkennen", „meistern", „lösen", „leicht", „gut", „ja", „Spaß", „Begeisterung", „Freude" etc. lösen ebenfalls angenehme emotionale Zustände aus und fördern somit die Lernleistung.

Beim Sichten von Arbeitsmaterial habe ich gemeinsam mit Lehrern aber auch Worte wie „quälen", „jammern", „versagen", „scheitern", „ängstlich", „schwer", „schlecht", „nein", „Ärger", „Angst", „Schreck", „Panik" etc. gefunden. Diese Worte lösen unangenehme emotionale Zustände aus und schmälern oder blockieren sogar die Lernleistung, weil unterschwellig Stresshormone ausgeschüttet werden.

Achten Sie also genau darauf, dass Sie besonders dann, wenn Sie Schülern neue Inhalte präsentieren, Texte benutzen, die angenehme emotionale Zustände hervorrufen und nahelegen, dass die Kinder das Thema bald sicher beherrschen werden.

Nun **können** Sie **natürlich**, wenn Sie sich inhaltlich mit Themen wie z. B. der **Bewältigung von Angst** beschäftigen, Worte wie „Angst" etc. im Text verwenden – allerdings erst, nachdem Sie Worte wie „können", „natürlich", „bewältigen", „Mut", „Gelassenheit" etc. erwähnt haben. Ebenso sollten z. B. Texte für Grammatikthemen am besten nur emotional günstige Worte enthalten, damit Sie sicherstellen können, dass die Grammatiklektion auch behalten wird.

Wenn Sie sich erst einmal auf das Thema eingelassen haben, werden Sie bald bemerken, dass es Ihnen immer leichter und natürlicher gelingt, die passenden Worte zu finden, da bereits die Beschäftigung mit dem Thema die Aufmerksamkeit für die eigene Wortwahl stärkt.

⇨ Vorgehen

Sie haben sich dabei ertappt, wie Ihnen folgende Worte herausgerutscht sind: *„Ihr **müsst** euch **anstrengen**, das ist ein **schwieriges** Thema."* (ungünstiger Priming-Effekt)

Diese Worte erschweren die kognitive Verarbeitung, noch bevor die eigentliche Aufgabe gestellt wurde, weil sie unbewusste Erinnerungen an Anstrengung und Schwierigkeiten erzeugen.

Sie wissen, dass es nun wichtig ist, erst einen angenehmen Lernzustand hervorzurufen, bevor Sie den eigentlichen Stoff präsentieren, und Sie sagen deshalb: *„Ach was! Für euch ist es bestimmt **ganz leicht**! Ihr habt schon so viele Dinge **ganz locker gelernt**, wie z. B. laufen, sprechen, Fahrrad fahren … Und jetzt **könnt** ihr das auch gleich alles **wie von selbst**."*

Erst jetzt präsentieren Sie den eigentlichen Lernstoff mit passendem Lehrmaterial.

Vielleicht denken Sie nun, dass es Arbeit ohne Ende bedeutet, wenn Sie sich auf dieses Thema einlassen …

Es ist viel leichter, als Sie denken, denn …

✗ alle Arbeitsmaterialien, die erfahrungsgemäß zu guten Lernerfolgen führen, können Sie unbesehen durchwinken.

✗ nur Unterrichtssequenzen, die schlechte Stimmung, Unkonzentriertheit oder inhaltliche Verständnisschwierigkeiten mit sich gebracht haben, sollten Sie genau ansehen, die Wortwahl analysieren und auf ungewollte Priming-Effekte hin untersuchen.

✗ wenn Sie auch diese Materialien nach und nach optimiert haben, sind Ihre Sinne sicher auch für Priming-Effekte in Ihren mündlichen Anweisungen geschärft und Sie können bewusst wahrnehmen, wie Sie Stimmungen und Erwartungen in der Klasse steuern.

✗ Fehler dürfen Sie sich dabei verzeihen, da Sie ja bei einer unglücklichen Äußerung den Priming-Effekt sofort verändern können, wenn Sie im Anschluss daran – vor der eigentlichen Aufgabe – einen günstigen Priming-Effekt erzeugen.

Sicher haben Sie bald viel Freude und Erfolg beim Erzeugen angenehmer Stimmung mit Hilfe des Priming-Effekts und es fällt Ihnen zunehmend leichter, Ihre Sprache zu präzisieren.

Mit Blicken steuern

Herbert Just

Anwendungsbereich: während des Unterrichts
Lernziel: nonverbale Techniken
Zielgruppe: Lehrer
Zeitaufwand: keine Zeitvorgabe
Material: keines

 ## Innere Haltung

Aufmerksamkeit und Konzentration für das Unterrichtsgeschehen

 ## Vorgehen

Unsere Sprache benennt viele Formen des Schauens. Jemand hat einen scharfen, stechenden Blick, einen weichen Blick, einen untrüglichen Blick etc. Tatsächlich kann und muss man je nach Situation auf ganz unterschiedliche Weise sehen.

Gut erklärbar ist das am Beispiel einer Taube, die nach am Boden liegenden Körnern pickt. Um ein Korn am Boden zu erkennen und gezielt danach zu picken, muss sie fokussiert blicken. Gleichzeitig muss sie das ganze periphere Umfeld im Blick behalten, um rechtzeitig Gefahren erkennen zu können, wie z. B. eine Katze, die sich anschleicht.

Die Form des fokussierenden und peripheren Sehens verwenden wir Menschen ebenfalls. Fokussierend sehen wir, wenn wir genau und gezielt etwas anschauen. Details sehen wir scharf, das Umfeld gerät in den Hintergrund.

Beim peripheren Blick sehen wir Einzelheiten unscharf. Dafür erkennen wir Bewegungen sehr schnell, aber ungenau.

Beide Formen sind entwicklungsgeschichtlich wichtig. In der Frühzeit mussten die Menschen schnell bemerken, dass sich im Gras etwas bewegt hat (peripher), um dann genau festzustellen, ob es sich um eine Beute, einen Feind oder etwas Gefährliches, etwa eine Schlange, handelt.

Je nach Situation ist es auch im Kontext von Schule bedeutsam, zwischen den beiden Formen bewusst zu wechseln.

Peripherer Blick

Der periphere Blick erscheint einem Betrachter viel weicher als ein fokussierender Blick. Man selbst schaut breit, verzichtet auf Klarheit im Detail. Dafür erkennt man, wo im Raum Bewegung ist, welche Gruppierungen sich bilden oder auflösen, welche Stimmung vorherrschend ist, wie das Klassenklima insgesamt ist. Speziell beim Betreten des Klassenzimmers empfiehlt es sich, peripher zu schauen. Man erkennt die momentan vorherrschende Situation und kann darauf besser eingehen.

Angenommen, man unterlässt das und fokussiert seinen Blick sofort auf einen störenden Schüler oder auf den Stoff, nimmt man wesentliche Hinweise nicht wahr und läuft Gefahr, auf Nebensächlichkeiten zu reagieren und sich dabei zu verausgaben.

Nimmt man sich die Zeit von drei Atemzügen, um peripher zu schauen, wird dies einerseits die Klasse beruhigen, und andererseits hat man selbst eine „Bedenkzeit", um die bestehende Situation richtig einzuschätzen.

Wechselt die Form, etwa vom Vortrag zur Gruppenarbeit, nimmt man mit dem peripheren Blick genauer wahr, in welchem Arbeitszustand sich die gesamte Klasse oder einzelne Arbeitsgruppen befinden. Damit lässt sich gezielt eingreifen und steuernd korrigieren.

Fokussierender Blick

Dem Blick des Lehrers folgen in der Regel die Blicke der Klasse. Sieht man z. B. einige Sekunden auf einen bestimmten Schüler, werden die Blicke der anderen folgen und auch diesen Mitschüler anschauen.

Redet etwa am Anfang einer Stunde ein Schüler noch mit seinem Nachbarn, dann reicht es in der Regel aus, auf diesen Schüler längere Zeit zu sehen. In aller Regel machen dann die Banknachbarn auf die Störung aufmerksam und die Störung wird eingestellt.

Falls dieser Blick nichts nützen sollte, kann man etwas Schärfe in den Blick tun, das genügt meist. Erst wenn das nichts nützen sollte und der Schüler den Lehrer weiterhin ignoriert, sollte man verbal reagieren, z. B. den Namen des Schülers sagen, um einen Blickkontakt herzustellen und auch einige Sekunden aufrechtzuerhalten.

Menschen und auch Tiere mögen es nicht, wenn man ihnen längere Zeit in die Augen schaut. Schüler versuchen in Konfliktsituationen häufig, aus dem Kontakt zu treten, indem sie z. B. anfangen zu diskutieren, Witze zu machen, wegzuschauen oder mit dem Nachbarn zu reden.

Das nicht bewusste Ziel dieses Verhaltens ist es, den Augenkontakt zum Lehrer zu meiden und dessen Ärger oder Drohung nicht wahrnehmen zu müssen. Gelingt das dem Schüler, hat der Lehrer an Autorität und Respekt verloren. Daher muss der direkte Augenkontakt hergestellt werden. Das kann mit Schärfe und Druck geschehen, bis der Schüler dem Blick nicht mehr ausweicht. Erst dann nimmt man den Druck weg. Jetzt ist der Weg frei für ein einvernehmliches Gespräch.

■ Dirigent mit eigenem Orchester

Rolf-Dieter Aff

Anwendungsbereich:	im Unterricht
Lernziel:	nonverbale Techniken
Zielgruppe:	neue Klassen (alle Altersstufen)
Zeitaufwand:	keine Zeitvorgabe
Material:	keines

Innere Haltung

Natürlich kommen wir nicht ohne Worte aus. Es genügt aber vollkommen, sie für die Vermittlung wichtiger Inhalte einzusetzen und nicht für Organisation, Management oder gar Disziplinierung. In vielen Fällen (den meisten?) reicht eine Geste oder ein Blick, um die Zügel auch weiterhin in der Hand zu halten. Das hat manchmal etwas vom Tun eines Dirigenten. Wenn ich das spüre, fühle ich mich sehr gut und inspiriert. Wichtig ist die Präsenz im Raum und die Haltung: immer zugewandt und freundlich (wenn es sich um das eigentliche Unterrichtsgeschehen handelt).

Bei manchmal unerlässlichen Disziplinierungsmaßnahmen (nicht Strafmaßnahmen!) ist mein Verhalten, meine Präsenz eine andere. Dies wird auch an anderer Stelle dieses Buches erläutert.

 Vorgehen

Ich habe nie behauptet, dass meine Art der Unterrichtsführung nicht anstrengend sei. Sie ist jedoch in höchstem Maße nervenschonend! Dabei bin ich meistens in der Klasse unterwegs, ohne dabei hektisch zu werden. Das würden die Schüler nur allzu gerne aufgreifen – und schon hätten wir den Faden verloren. Früher habe ich mich manchmal versteckt, versucht, mich hinter meinem Pult in Sicherheit zu bringen, habe Arbeitsaufträge verteilt und die Schüler sich selbst überlassen. Das hat in der Regel nicht funktioniert, weil es nicht in der Natur des Unterrichtens liegt, die Schüler sich selbst zu überlassen. Und das ist kein Widerspruch zu Methoden des selbstorganisierten Lernens. Ich bin nicht nur aktiv, um den Schülern zu zeigen, wie Selbsttätigkeit zum Lernen beiträgt. Ich bin in der Regel pro-aktiv, um als Berater, Begleiter, als Scout anzuzeigen, wohin der Weg führen soll und an wen die Schüler sich wenden können, wenn sich Fragen und Schwierigkeiten auftun. Pro-aktiv bedeutet in diesem Zusammenhang: wahrnehmen, was sich entwickelt, agieren, nicht reagieren, vorausschauend handeln. Das erfordert einige Erfahrung, Übung und die Kenntnis individueller Verhaltensweisen meiner Schüler. Also liegt ein Schwerpunkt meiner Unterrichtsarbeit in den ersten Wochen des Schuljahres im Beobachten, Wahrnehmen und Kennenlernen dieser Schüler. Die kleinen Gespräche zwischendurch, die Aufmerksamkeit, die ich ihnen widme und im einen oder anderen Fall die Notizen, die ich mir an geeigneter Stelle mache, zahlen sich im Laufe des Jahres aus. Oft sind es die kleinen Dinge, die, konsequent und kontinuierlich ausgeführt (ritualisiert!), in Entwicklungen und Veränderungen ihre Wirkung zeigen. Eine dieser „Kleinigkeiten" ist folgende:

Ich erwische mich des Öfteren dabei, dass ich inmitten meiner Klasse stehe, die linke Hand auf der Schulter eines Schülers, der gerade versucht, eine Antwort zu finden, den Blick einer Schülerin zugewandt, die ebenfalls gerne einen Beitrag leisten möchte und die rechte Hand in Richtung eines Schülers ausgestreckt (mit leichter Auf- und Abbewegung der Hand), um diesem anzuzeigen, dass ich durchaus bemerkt habe, dass dort noch Unklarheiten oder Aufregungen herrschen. Das ist schon alles: Präsenz zeigen, den Schülern Aufmerksamkeit entgegenbringen, sich ihnen zuwenden.

Die Schüler merken dabei sehr schnell, dass ich sie wahrnehme, dass ein Kontakt besteht. So lassen sich die einzelnen Beiträge nacheinander „abarbeiten". Natürlich ist es wichtig, niemanden zu vergessen. Wenn es eine Frage oder eine Anmerkung gibt, die der ausführlicheren Behandlung bedarf, schreibe ich ein Stichwort an oder nehme ein Heft oder einen anderen Gegenstand in die Hand (als Anker gegen das Vergessen). Gelegentlich ist es besonders hilfreich, einen Schüler um Unterstützung zu bitten: *„Erinnere mich doch in 5 Minuten (jede andere Zeitangabe ist dabei denkbar, z. B. … am Ende der Stunde …) daran, dass …"*

So ähnlich verfährt der Dirigent. Er gibt den einzelnen Instrumenten (oder ganzen Instrumentengruppen) den Einsatz, spricht die Instrumentalisten an – mit einer Handbewegung, einem Kopfnicken oder einem Blickkontakt – und ist dabei ohne Einschränkung der Chef im Konzertsaal.

◼ Gelingende Elterngespräche – gemeinsam für das Kind

Alexandra Lux

Anwendungsbereich:	Haltung des Lehrers
Lernziel:	Elterngespräche mit Wertschätzung gestalten
Zielgruppe:	jedes Alter
Zeitaufwand:	keine Zeitvorgabe
Material:	keines

 ## Innere Haltung

Schule/Lehrer **und** Eltern begleiten das Kind aus verschiedenen Perspektiven und in verschiedenen Verantwortungsbereichen durch die Schulzeit und jede „Seite" möchte aus ihrem Blickwinkel das Beste für das Kind. Oftmals kommt es hier zur Bildung von Fronten, die niemand beabsichtigt. Das Kind erlebt sich dazwischen. Ein **gemeinsames** Schauen auf das Kind, eine gemeinsame Unterstützung, jeder mit seinen Kompetenzen, lässt Elternarbeit gelingen und untermauert die eigene Arbeit.

 ## Vorgehen

Elterngespräche bieten oft Zündstoff für die Beziehung zwischen Elternhaus und Schule. Ängste auf beiden Seiten oder auch Hierarchiegedanken wirken auf die Grundstimmung. Die oft übliche 10-Minuten-Einheit an Sprechtagen macht den Aufbau einer vertrauensvollen Zusammenarbeit nicht gerade einfach.

Die grundlegende Frage ist doch zunächst: Um wen geht es? – Um das Kind natürlich. Die nächste Frage schließt sich an: Welches Ziel verfolgt das Elterngespräch? – Und da wird es meiner Meinung nach schon etwas komplizierter. Informationsabgabe durch den Lehrer und die Aufnahme durch die Eltern? Nein! Ich bin der Meinung, es sollte ein Informationsaustausch sein – ein ehrlicher. Doch wie baut dieser sich auf? Meiner Erfahrung nach mangelt es oft an Vertrauen auf beiden Seiten. Daher möchte ich hier in der Kürze nur ein paar Fragen und Gedanken aufschreiben.

Eltern sind auch nur Menschen:

✗ Sie wollen das Beste für ihr Kind. (Das kann sehr verschieden ausgelegt werden.)

✗ Sie sind Experte ihres Kindes. (Sie kennen es am längsten.)

✗ Sie wollen es schützen. (Auch hier gibt es verschiedene Meinungen.)

✗ Sie haben eigene Schulerfahrungen und Erfahrungen mit Lehrern.

✗ Sie haben Angst, ihr Kind nicht richtig zu fördern oder dass es im Leben nicht „bestehen" kann.

Bedürfnisse von Eltern:

✗ ernst genommen werden

✗ ihre Sicht der Dinge äußern dürfen

✗ Unterstützung bekommen

✗ Feedback über ihr Kind bekommen

Anregungen für eine sinnvolle Gestaltung von Elterngesprächen:

✗ die Meinung der Eltern anhören

✗ Rechtfertigungen vermeiden, das hat niemand nötig (Ich kann eine Situation erklären, aber ich muss mich nicht rechtfertigen.)

✗ gemeinsame Lösungen finden und Vereinbarungen treffen

✗ eigene Sichtweisen und Erfahrungen erzählen, ohne die Meinung der Eltern als „falsch" darzustellen

✗ miteinander statt gegeneinander

✗ akzeptieren, dass letztendlich die Eltern die Verantwortung haben

✗ sich bewusst machen, dass Lehrer nicht alles lösen müssen

Auch Lehrer können – und müssen vor allem – nicht alles wissen!
Was spricht dagegen, die Begleitung des Kindes gemeinsam zu gestalten?

◼ Daumen hoch! – Ziele werden Wirklichkeit

Gudrun Heinrichmeyer

Anwendungsbereich:	motivierende Ziele formulieren; Beweis, wie sehr Ziele die Handlung leiten
Lernziel:	erkennen, dass motivierende Zielformulierungen Handlungen leiten; Grundlagen und Bestimmungsstücke motivierender Zielformulierungen erlernen
Zielgruppe:	Lehrer und Schüler aller Altersgruppen
Zeitaufwand:	je nach Teilübung 5 Min. – 2 Std.
Material:	evtl. Fragebogen zur Zielformulierung, Papier, Stifte

 Innere Haltung

Vertrauen, dass jeder Mensch seine eigenen Ziele in die Tat umsetzen kann, wenn er sie auf motivierende Weise formuliert.

 Vorgehen

Wenn Menschen erkennen, dass sie selbstgesteckte Ziele erreichen können, entwickeln sie Zuversicht, Selbstverantwortung und Selbstvertrauen. Das sind wichtige innere Zustände, die ihnen ein glückliches und selbstbestimmtes Leben ermöglichen.

Wenn Sie Ihre Schüler davon überzeugen möchten, dass jeder Mensch die Ziele, die er sich sorgfältig gesetzt hat, auch erreichen kann, ist das kurze Experiment im Anschluss mit einem kleinen vorgegebenen Ziel sehr nützlich. Sie fördern damit bei den Teilnehmern die Überzeugung, dass mehr möglich ist, als sie zunächst gedacht haben, wenn sie ihr Ziel gehirngerecht formulieren.

Ich habe das Experiment schon sehr oft durchgeführt und immer wieder Kinder und Erwachsene damit in Erstaunen versetzt.

Weiterer Vorteil der Übung ist es, dass Sie Ihre Schüler nach dem Experiment mit einem allgemein bekannten Zeichen (Daumen hoch) an Erfolge erinnern und dadurch angenehme Zustände erzeugen können. Hilfreich ist das, wenn Sie einen neuen Stoff einführen, wenn Schüler gerade eine Denkblockade haben, vor Klassenarbeiten etc.

Fragen Sie Ihre Schüler, ob sie bereit sind, ein kleines Experiment zu machen – die Antwort ist gewöhnlich „Ja".

„Daumen hoch": ein kleines Experiment

1. Die passende Position im Raum finden

„Stellt euch bitte so hin, dass ihr mich sehen könnt und dass ihr euch mit ausgestreckten Armen nach hinten drehen könnt, ohne anzustoßen. Wenn ihr eine passende Position gefunden habt, bleibt bitte für den Rest der Übung wie verwurzelt an diesem Platz stehen."

2. Die Übung erklären

„Ich werde gleich meinen rechten Arm zur Seite bis auf Schulterhöhe heben, meinen rechten Daumen heben und mich dann über die rechte Schulter nach hinten drehen, soweit ich es schaffe. Dort merke ich mir die Stelle, die ich über meinem Daumen sehe, und eine Stelle ca. 10–15 cm weiter rechts – sehen kann ich ja weiter."

3. Die Übung vormachen

Machen Sie nun die Übung vor und kommentieren Sie noch einmal, was Sie genau tun.

4. Die Übung von den Schülern durchführen lassen

„Hebt nun euren rechten Arm genau zur Seite bis auf Schulterhöhe, hebt euren rechten Daumen und dreht euch dann über die rechte Schulter nach hinten, soweit ihr es schafft, wobei die Augen dem Daumen folgen. Dort merkt ihr euch die Stelle genau über eurem Daumen und eine Stelle ca. 10–15 cm weiter rechts – sehen könnt ihr ja weiter. Danach kommt ihr bitte wieder in die Ausgangsposition zurück und bleibt genau auf der Stelle stehen, ohne euch zu bewegen."

5. Das mentale Training anleiten

„Schließt nun eure Augen und stellt euch nur in Gedanken vor, wie ihr den rechten Arm hebt, den rechten Daumen hebt und euch über die rechte Schulter nach hinten dreht – und ihr kommt dieses Mal weiter und seht die Stelle 10–15 cm weiter rechts direkt über eurem Daumen. Tut das in Gedanken 3-mal und öffnet danach wieder eure Augen. Bleibt weiter genauso stehen wie bisher."

6. Test

„Hebt nun noch einmal euren rechten Arm genau zur Seite bis auf Schulterhöhe, hebt euren rechten Daumen und dreht euch dann über die rechte Schulter nach hinten, soweit ihr es schafft. – Welche Stelle genau seht ihr über eurem Daumen?"

Gewöhnlich erhalte ich erstaunte Reaktionen, weil die Schüler die Stelle 10–15 cm weiter rechts über dem Daumen sehen. Manche Schüler kommen sogar noch weiter.

Die Übung beinhaltet bereits alles, was ein gut formuliertes Ziel braucht, um Wirklichkeit zu werden: Die Schüler sehen ein eindeutiges Endergebnis Ihrer Bemühungen aus eigenen Augen; sie erleben den Erfolg mit allen Sinnen im Voraus; sie vollziehen den Weg zum Ziel mit allen Sinnen mental; sie selbst können das Ziel eigenverantwortlich erreichen; das Ziel hat eine realistisch erreichbare Größe; es hat nur Vorteile bzw. akzeptable Nachteile, wenn sie es erreichen; sie werden sofort aktiv.

Jüngere Schüler unterstütze ich gewöhnlich, indem ich sage: *„So, jetzt stellt euch mal das, was ihr selbst erreichen wollt, genauso vor, wie ihr es in dem Experiment mit dem Daumen gemacht habt. Tut so, als hättet ihr euer Ziel bereits erreicht. Nehmt wahr, was ihr seht, hört, riecht, schmeckt, zu euch selbst sagt und fühlt. – Und jetzt schaut zurück und achtet darauf, was ihr getan habt, um euer Ziel zu erreichen. – Kehrt nun in Gedanken in die Gegenwart und diesen Raum zurück und versprecht euch, dass ihr das tun werdet, was notwendig ist, um euer Ziel zu erreichen."*

Älteren Schülern erkläre ich im Anschluss an das Experiment an einem Beispiel die Zielkriterien genauer, wenn ich möchte, dass sie bewusst verstehen, wie sie motivierende Ziele formulieren können. Danach lasse ich sie ein eigenes Ziel nach diesen Kriterien formulieren, z. B. mithilfe des Zielfragebogens am Ende des Artikels (in Anlehnung an O'Connor, Joseph/Seymour, John: Neurolinguistisches Programmieren: Gelungene Kommunikation und persönliche Entfaltung, VAK-Verlag, 20. Auflage 2010). Hilfreich kann noch eine zwischengeschaltete Zeitreise sein, die die gesamte Klasse durch einen Visionsprozess führt.

Zeitreise

„Stelle dich darauf ein, dass du dich gleich entspannen wirst. – Stelle beide Beine auf die Erde und mache es dir auf deinem Stuhl gemütlich. – Spüre, wo dein Körper die Lehne und die Sitzfläche berührt und genieße, dass du von deinem Stuhl getragen

wirst. – Nimm einige tiefe Atemzüge und lasse deinen Atem danach einfach weiter in seiner eigenen Art und Weise fließen. – Die Gedanken kommen und gehen. – Sie dürfen wie Wolken am Himmel vorüberziehen. – Und du genießt, dass du sie einfach nur beobachtest. – In der Ferne tauchen angenehme Bilder auf – Bilder von deinem zukünftigen Ich. – Wenn du genau hinsiehst, kannst du bereits ahnen, dass du dich selbst in der Zukunft siehst. – Du siehst, wie du dich freust und zufrieden damit bist, dass alles so gekommen ist, wie du es dir gewünscht hast. –

Gehe nun in Gedanken in diese Zukunft. – Schlüpfe in die Haut deines zukünftigen Ichs. – Nimm mit allen Sinnen wahr, wie es ist, hier an deinem wirklichen Ziel angekommen zu sein. –

Nimm wahr, was genau du siehst. – Wo befindest du dich gerade? – Vielleicht sind da noch andere Personen – oder wer oder was auch immer. – Sieh genau hin und nimm alle Informationen genau auf. – Vielleicht gibt es auch einen typischen Geruch oder Geschmack, der zu dieser Szene gehört. – Höre nun hin und nimm wahr, was es zu hören gibt. – Hörst du Stimmen oder Geräusche? – Vielleicht Musik? – Oder Geräusche der Natur? – Vielleicht hörst du auch, dass du zu dir selbst sagst: ‚Ich bin wirklich zufrieden mit dem, was ich bisher erreicht und erlebt habe, und freue mich auf meine weitere Zukunft!' – Richte deine Aufmerksamkeit nun auf deinen Körper. – Nimm genau wahr, wie es sich anfühlt, diese Zufriedenheit und Freude – und wo genau du diese fühlst. – Vielleicht eher schwer oder leicht – eher warm oder kalt – eher fließend oder kribbelnd. – Oder wie auch immer du diese Gefühle wahrnimmst, es ist für jeden Fall gut so, wie es ist. –

Blicke nun zurück auf dein bisheriges Leben. – Was genau hast du getan? Welche Fähigkeiten und Möglichkeiten hast du genutzt – vielleicht auch erst im Laufe der Jahre entwickelt, um hierher zu kommen und zu wissen: ‚Ja, es ist gut so, wie es ist!' ? – Sieh genau hin. – Was war deine Aufgabe? – Wer war noch beteiligt? – Wie genau hast du Schwierigkeiten und Hürden gemeistert, Konflikte gelöst – und bist dabei immer flexibel und ideenreich auf deinem Weg zum Ziel geblieben? – Welche Zwischenziele und Meilensteine hast du erreicht? – Was hat dich zwischendurch zufrieden und zuversichtlich gemacht und dir immer wieder Mut gegeben, dass du alles erreichen kannst, was dir wirklich wichtig ist? – Welche Erkenntnisse hattest du auf dem Weg zum Ziel? – Und wie könnten diese Erkenntnisse deinem jüngeren Ich auf seinem Weg weiterhelfen, sodass es leichter wird als je vermutet? – Was war der erste kleine Schritt in Richtung auf dein Ziel, der dich wissen ließ: ‚Ich habe mich auf den richtigen Weg gemacht und ich werde sicher ankommen'? – Wie begann dein erfolgreicher Weg?

Komme nun wieder aus der Zukunft zurück zum jetzigen Moment. – Nimm schon heute diese Erkenntnisse aus der Zukunft in dich auf. – Sieh auf deine eigene Art und Weise, aus deinen eigenen Augen in die Zukunft und achte noch einmal aus dieser Perspektive darauf, welches deine Schritte in Richtung auf ein erfülltes und zufriedenes Leben sind: womit du beginnst, wie du weitermachst, wie du handelst und deine Rolle im Leben einnimmst – und wie du alle Schwierigkeiten aus dem Weg räumst, Probleme löst, in Frieden mit dir selbst und anderen, und so dort ankommst, wo du immer ankommen wolltest und wie du es dir immer gewünscht hast. –

Nimm dir nun noch einen Augenblick Zeit, um deine inneren Bilder und Vorstellungen zu genießen. – Kehre dann wach und munter wieder hierher in diesen Raum zurück. – Recke und strecke dich. – Sieh dich um und orientiere dich wieder im Hier und Jetzt.

Notiere nun deine Erkenntnisse und male ein Bild von deinem Ziel."

Beispiele zur Verdeutlichung der Zielkriterien

Sie können diese Beispiele nutzen, um den Zielfragebogen genauer zu erklären. Danach können die Schüler den Fragebogen ausfüllen.

„Stelle dir vor, dein Ziel ist es, eine Prüfung zu bestehen.
Du siehst dich, wie du beim Lernen schwitzt und dich vor der Prüfung fürchtest.
Oder: Du erlebst schon jetzt, aus eigenen Augen betrachtet, wie du deinen Erfolg/ deine gute Note feierst. Welche Vorstellung ist für dich attraktiver? – Ich nehme an, die Feier!
Also gehe in Gedanken in die Zukunft und erlebe schon heute mit allen Sinnen, wie du deinen Erfolg feierst! Das nennt man (in NLP-Worten) ein positiv (ohne Verneinung) und absolut (ohne Vergleich) formuliertes, vorweggenommenes Endergebnis.

Um die Begriffe positiv und absolut noch genauer zu verdeutlichen, machen wir ein kleines Experiment:
Denke jetzt nicht an einen rosa Elefanten auf einer grünen Wolke. – Schon passiert? Hast du den Elefanten bereits gesehen? – Das solltest du doch nicht!

Verneinungen können im menschlichen Gehirn nicht als Bilder dargestellt werden. Stelle dir also konkret vor, was du erreichen möchtest, denn wenn du dir vorstellst, was du vermeiden möchtest, streicht dein Gehirn die Verneinung einfach weg – und das, was du siehst, bekommst du dann.

Du hattest bisher eine Fünf in Mathe. Denke jetzt in einem Vergleich: ‚Ich möchte eine bessere Note in Mathe bekommen.' Wie viele Bilder mit Noten darauf siehst du? Mindestens zwei Bilder? Ich nehme an, eines mit einer Fünf in Mathe – vielleicht eines mit einer Vier in Mathe – vielleicht auch noch andere Alternativen. Jetzt hast du mehrere mögliche Endergebnisse in deinem Kopf und es kommt je nach Stimmung darauf an, welches innere Bild du dir ansiehst. Da die inneren Bilder deine Ziele darstellen, wirst du in deiner Zuversicht schwanken – das ist wenig nützlich. Gut ist ein einziges, attraktives Zielbild (absolut formuliert), dann weißt du genau, was du anstrebst.

Wenn du bereits heute deinen Erfolg mit allen Sinnen – vor allem auch mit deinem Körpergefühl – wahrnimmst, gehört dieses gute Endergebnis schon zu einem Teil deiner zukünftigen Wirklichkeit. Und wenn du bereits heute genau weißt, wie attraktiv es für dich ist, so zu fühlen, wie du es gerade schon einmal vorgekostet hast, wirst du unbewusst alles dafür tun, dieses Ziel auch wirklich zu erreichen.

Nun, du möchtest von einer Fünf in Mathe auf eine Drei kommen und benötigst dafür die Hilfe eines Klassenkameraden, der sich wirklich gut in Mathematik auskennt und auch gut erklären kann, d. h., du hast es nicht ganz alleine in der Hand, dein Ziel zu erreichen – du brauchst den Klassenkameraden als Nachhilfelehrer. Wenn du diesem nun Vorwürfe machst, wieso er dir nicht schon lange Mathematik ordentlich erklärt hat, und dass er nie Zeit hat, wenn du ihn mal brauchst, wird er wahrscheinlich wenig Lust haben, sich mit dir zu treffen und dir Mathematik näherzubringen – er braucht die Nachhilfe ja nicht! Wenn du ihn jedoch freundlich bittest, dich zeitlich nach ihm richtest, dich im Anschluss an die Nachhilfe bedankst und ihn zur Anerkennung seiner Hilfe noch zu einem lockeren Treffen einlädst, wird er wesentlich mehr Lust bekommen, dir zu helfen. Hier liegt also dein Spielraum/deine Rolle. – Fülle sie aus und du erhöhst die Wahrscheinlichkeit, dass andere Menschen Lust bekommen, dich zu unterstützen.

Stelle dir wieder vor, dein Ziel ist es, die nächste Mathematik-Prüfung mit einer Drei zu bestehen – bisher hattest du eine Fünf. Welche Stärken hast du schon, die es dir ermöglichen, dieses Ziel zu erreichen? – Vielleicht kannst du dich gut und lange konzentrieren, wenn es wirklich brenzlig wird. Vielleicht hast du einen Freund, der gut in Mathe und gewillt ist, dir Nachhilfe zu geben. Vielleicht hast du schon einmal die Erfahrung gemacht, dass du etwas geschafft hast, obwohl du zunächst dachtest, dass du deine Grenzen erreicht hast (wie z. B. bei dem kleinen Experiment vom Anfang). Das alles sind Stärken, auf die du schon jetzt zurückgreifen kannst. Vielleicht gibt es Fähigkeiten und Stärken, die du erst noch erwerben solltest, damit du dein Ziel erreichen kannst? Es könnte sein, dass du dir bisher in Mathematik wenig zugetraut und deshalb bei Prüfungen immer wieder versagt hast. Dann kann es wichtig sein, innerlich gut zur Ruhe zu kommen und gelassen in die Prüfung zu gehen, um alles Wissen abrufen zu können. Es könnte aber auch sein, dass du bisher nicht genug gelernt hast und es in deinem Kopf gar kein Wissen zum Abrufen gibt. Dann wird es Zeit, zu lernen – und zwar auf die richtige Weise, damit du in der Prüfung das gelernte Wissen auch abrufen kannst. Mache dir also klar, was du schon kannst und was du noch brauchst, um dein Ziel zu erreichen.

Stelle dir nun wieder vor, du hast in Mathe eine Fünf. Und leider liegt das nicht nur an der Prüfungsangst, die ja schnell zu beheben wäre, sondern daran, dass du bereits seit zwei Jahren nichts mehr in Mathematik getan hast, weil es ja sowieso keinen Sinn macht, wenn du wegen deiner Prüfungsangst einen Blackout hast. Du hast noch zwei Wochen Zeit, um die Lücken in deinem Wissensnetz zu füllen. Dein Ziel ist es nun, von der Fünf auf eine Eins zu kommen. Wie realistisch ist dieses Ziel? Glaubst du daran, dass du das in zwei Wochen schaffen wirst? – Vermutlich nicht. Viel realistischer ist es, wenn du dich auch schon über eine Fünf plus oder eine Vier freust! Das erhöht auch die Wahrscheinlichkeit, dass du zu lernen beginnst.

Bisher gehörst du zu der Gruppe der Mathematik-Hasser und eine deiner beliebtesten Beschäftigungen ist es, mit deinen ebenfalls in Mathe schlechten Freunden über Mathematik und andere Schüler, die gut in Mathematik sind, zu lästern. Hinzu kommt, dass du der Ansicht bist, dass Menschen, die gut in Mathematik sind, lebensfremd und eigenartig sind. Wenn du nun planst, gute Mathematik-Zensuren zu bekommen, gehörst du auf einmal nicht mehr zu deinen Freunden, sondern zu den lebensuntüchtigen, eigenartigen Mathematik-Verstehern. Kannst du mit dieser Veränderung und den dummen Sprüchen deiner bisherigen Freunde leben? Wenn nicht: Wie wirst du damit umgehen?
Findest du keine Lösung für diese unerwünschten Nebenwirkungen, so wirst du wohl eher schlecht in Mathematik bleiben. Findest du dafür eine Lösung, wird eine gute Note in Mathematik attraktiv.

Nun noch ein interessantes Untersuchungsergebnis: Pläne, die du um mehr als 72 Stunden verschiebst, werden niemals in die Tat umgesetzt. Je schneller du anfängst, einen kleinen Schritt in die erwünschte Richtung zu tun, umso wahrscheinlicher wird es, dass du dein Ziel erreichst. Wenn du innerhalb von 48 Stunden angefangen hast, zu handeln, hast du gute Chancen, dass du dein Ziel auch erreichst. Also verabrede dich mit deinem Nachhilfe-Kollegen, schlage das Mathematik-Buch auf und löse schon mal eine Aufgabe etc."

Zielfragebogen

Was willst du erreichen/haben/tun? (positiv und absolut formulieren!)

....

....

Stelle dir vor, du hast dein Ziel bereits erreicht:

✗ Was siehst du?

....

✗ Was hörst du?

....

✗ Was riechst und schmeckst du?

....

✗ Was sagst du zu dir selbst?

....

✗ Was genau fühlst du? Und wo genau in deinem Körper?

....

Kannst du das Ziel eigenständig erreichen?　　❑ ja　❑ nein

Wenn du andere Menschen brauchst, um dein Ziel zu erreichen:

✗ Was ist deine Rolle/dein Spielraum?

....

✗ Was kannst du dazu tun, dass du dein Ziel erreichst?

....

✗ Wie kannst du die anderen Menschen dazu bewegen, dich zu unterstützen?

....

Stärken/Fähigkeiten/Mittel, die du für dein Ziel benötigst:

✗ Was hast du schon?

....

✗ Was brauchst du noch?

....

Hat das Ziel die richtige Größe? ❏ ja ❏ nein

✗ Wenn es zu groß ist: Zerlege es in kleinere Teilziele, die du erreichen kannst.

....

Wenn es zu klein ist: Überlege dir ein attraktiveres Ziel und beginne
den Fragebogen von vorne.

✗ Welche Nachteile musst du in Kauf nehmen, wenn du dein Ziel erreichst?

....

✗ Finde Lösungen für die Nachteile.

....

Wenn die Nachteile überwiegen und/oder du keine Lösungen findest,
überlege dir ein neues Ziel und beginne am Anfang des Fragebogens.

Beginne zu handeln!

✗ Was ist der erste Schritt in Richtung deines Ziels?

....

✗ Wann genau machst du den ersten Schritt? (innerhalb der nächsten zwei
Tage)

....

Rede zum 100. Geburtstag

Maria Hublitz

Anwendungsbereich:	Zielarbeit, Lebenssinn
Lernziel:	Erkennen, wie die eigene Einstellung das Verhalten beeinflusst
Zielgruppe:	Schüler, Studenten, Erwachsene, keine Einschränkungen
Zeitaufwand:	20 Minuten
Material:	Papier, Stifte

Innere Haltung

Die Schüler sollen erkennen, dass sie aus ihren persönlichen Werten konkrete Ziele ableiten können. Sie schauen aus einer anderen Perspektive auf ihr Leben. Indem sie sich heute fragen, was sie am Ende ihres Lebens erreicht haben möchten, können sie bereits heute die Weichen dafür stellen und im Alter zufrieden und stolz auf sich sein.

Vorgehen

„Stelle dir vor, es ist dein eigener 100. Geburtstag und es findet eine große Feier zu deinen Ehren statt. Du sitzt in einem bequemen Lehnstuhl und freust dich darüber, dass viele Menschen zu deinem großen Fest gekommen sind. Du bist der Mittelpunkt des Abends. Visualisiere dir diese Situation ruhig bildlich, evtl. mit geschlossenen Augen. Nach dem Essen sitzen alle deine Gäste satt und zufrieden da. Vier deiner Besucher würden gern eine kleine Rede halten. Diese vier Gäste werden über dich sprechen – über dein Leben, über das, was du in deinem Leben erreicht hast und über deine positiven Eigenschaften.

Die vier Festredner sind:
- *jemand aus deiner Familie*
- *ein guter Freund bzw. eine Freundin von dir*
- *ein Arbeitskollege*
- *jemand aus der Stadt oder Gemeinde, in der du lebst, z. B. der Bürgermeister*

Was würdest du gerne hören? Es geht hier um deine Wunschvorstellung und nicht um das, was dir jetzt im Augenblick realistisch erscheint. Schreibe nun in Stichpunkten auf, was die einzelnen Personen über dich gesagt haben."

■ Kooperation und Kontinuität anstelle von Wettbewerb und Auslese

Gudrun Heinrichmeyer

Anwendungsbereich:	Kooperation innerhalb der Klasse fördern/Zuversicht des Lehrers fördern
Lernziel:	Kooperation und Toleranz fördern
Zielgruppe:	Lehrer und Schüler aller Altersgruppen
Zeitaufwand:	nebenbei
Material:	keines

 Innere Haltung

Alle Schüler, die auf das Gymnasium wechseln, schaffen auch das Abitur. Jeder Mensch kann seine Stärken entfalten und seine Ziele erreichen, wenn er entwicklungsfördernde Rahmenbedingungen erhält. Gelungene Kooperation entsteht durch Treffen und Einhalten von Absprachen. Kooperation gelingt unabhängig von Sympathie oder Antipathie. Emotionales Wohlbefinden erhöht die Leistungsfähigkeit. Alles, was das Thema Schule betrifft, wird von den Menschen geregelt, die sich in der Schule begegnen – das sind Schüler und Lehrer. Das Verhalten und die Leistungen der Schüler sind Feedback für den Lehrer über die Qualität seines Unterrichts.

 Vorbemerkungen

Erfahrungsbericht

Ich beschreibe hier meine Erfahrungen als Mutter. Ich berichte, wie sich unterschiedliche Regelungen und Vorgehensweisen an unterschiedlichen Schulen auf die Entwicklung unserer Kinder und unser Leben in der Familie ausgewirkt haben. Mein Sohn ging bereits seit drei Jahren in ein Gymnasium an unserem Wohnort, an dem, wie an den meisten Schulen, das Motto ausgegeben wurde, dass natürlich nur ein Teil der Schüler das Abitur schaffen wird – das wäre ein natürlicher Ausleseprozess. Wenn Eltern wollten, dass ihr Kind das Abitur schafft, sollten Sie das Kind zusätzlich zu Hause fördern und den Lernerfolg ständig überwachen.

Nun kam meine Tochter in die weiterführende Schule. Sie hatte sich zusammen mit einer Freundin ein Gymnasium im Nachbarort ausgewählt. Diese Schule hatte ihr am Tag der offenen Tür besonders gut gefallen. Sie nahm dafür einen längeren Schulweg einschließlich Busfahrt in Kauf. Nun sollte ich völlig neue Erfahrungen mit dem Thema Gymnasium machen.

Gleich zu Beginn des Schuljahres – nicht erst am Ende – fuhr die gesamte Stufe Fünf (vier Klassen mit jeweils 30–33 Schülern!) für zwei Tage auf Klassenfahrt, damit sich alle Kinder der Stufe kennenlernen. Folge davon war, dass meine 10-jährige Tochter im Anschluss an diese Klassenfahrt Freundinnen im gesamten Einzugsbereich der Schule gefunden hatte. Diese Freundinnen besuchte sie seit dieser Zeit selbstständig mit dem Bus.

Die Sitzordnung in der Klasse wurde jeweils für die Dauer von zwei Wochen ausgelost. Die Lehrer gaben das Motto aus, dass sich schließlich jeder am Nachmittag mit Freunden zum Spielen treffen kann – in der Schule geht es um Zusammenarbeit – und Zusammenarbeit ist mit jedem anderen Menschen möglich. Außerdem sind zwei Wochen schnell vorbei. Diese Regel akzeptierten nach ganz kurzer Zeit alle Schüler, ohne zu murren. Auf diese Weise konnten sie von Anfang an lernen, dass Kooperation unabhängig von Sympathie möglich ist und nur erfordert, Absprachen zu treffen und einzuhalten – eine aus meiner Sicht sehr wichtige Lektion, die den Schülern die Teamarbeit im späteren Berufsleben sehr erleichtert. Das Thema „Mädchen sind doof" bzw. „Jungen sind doof" war damit auch vom Tisch.

Bei Gruppenarbeiten wurden die einzelnen Gruppen so zusammengestellt, dass sich die Kinder gegenseitig unterstützen, fördern und unterrichten konnten. Je nach fachlicher Begabung konnte jeder einmal seine besonderen Kenntnisse beisteuern und Schüler mit weniger Kenntnissen unterstützen, ein anderes Mal die Unterstützung anderer Schüler annehmen lernen. Die Erkenntnis aus diesem Vorgehen war, dass jeder Stärken und Schwächen hat und dass es völlig in Ordnung ist, sich Hilfe zu holen, um dazuzulernen.

Am angenehmsten für die gesamte Familie empfand ich als Mutter nach kurzer Umgewöhnungszeit das Prinzip der Lehrer, dass Schule und Hausaufgaben in erster Linie Aufgaben von Schülern und Lehrern sind. Eltern sollten sich aus dem Thema Schule komplett heraushalten, weil die Lehrer sonst kein Feedback über ihren Unterrichtserfolg erhalten würden. Eltern sollten sich weder in die Erledigung der Hausaufgaben einmischen noch die Hausaufgaben korrigieren und schon gar nicht ihren Kindern zu Hause so etwas wie Nachhilfeunterricht erteilen. Eltern hätten die Aufgabe, gemeinsam mit ihren Kindern zu entspannen, die Freizeit zu genießen und ihre Kinder emotional zu unterstützen, falls mal etwas schiefgegangen wäre.

Nun ist die Schulzeit meiner Tochter vorbei. Neun Jahre nach der Einschulung auf diesem Gymnasium waren 119 von den 124 Schülern aus Klasse Fünf beim Abitur dabei – drei Schüler sind in der Zwischenzeit weggezogen, zwei haben eine Klasse wiederholt und im folgenden Jahr das Abitur absolviert.

Meine Tochter ging jeden Tag gerne zur Schule und mein Sohn wechselte in der Oberstufe auf das Gymnasium meiner Tochter, weil er beobachten konnte, wie gerne seine Schwester und ihre Freunde in ihre Schule gingen.

Noch heute ist ein fest eingeplanter Tag im Kalender meiner Kinder die sogenannte „Weinstube" am Tag des jährlichen Schulfestes, bei der sich ehemalige Schüler und Lehrer in lockerer Runde treffen und austauschen.

NLP-Informationen

✗ Menschen lernen von Modellen.
  → Ob Schüler Kooperation, Kontinuität und Selbstverantwortung lernen, hängt von der Qualität ihrer Modelle (hier Lehrer) ab.
  → Lehrer treffen verbindliche Absprachen und üben sich in selbstverantwortlichem Verhalten. So dienen sie ihren Schülern als gutes Vorbild für diese Fähigkeiten.

✗ Taten folgen den inneren Bildern und Filmen.
  → Wenn Lehrer von ihren Schülern glauben, dass sie in der Lage sind, selbstständig ihre Aufgaben zu erledigen und das Abitur zu schaffen, geschieht dies auch, weil sie dann diese vielversprechenden Schüler optimal fördern.
  → Fehler sind kein Versagen, sondern Feedback.
    Wenn Schüler ihre Aufgaben in der Schule nicht optimal erledigen, so kann der Lehrer daraus Schlüsse über seinen Unterricht und sein Verhältnis zu den Schülern ziehen und beides optimieren.

 **Vorgehen**

Übung: Werden Sie ein zuversichtlicher Lehrer – so fördern Sie Ihre Schüler

Tun Sie alles, was notwendig ist, damit Sie an den Schulerfolg Ihrer Schüler glauben und diese optimal fördern:

✗ Bringen Sie sich selbst in den Zustand der Zuversicht, indem Sie sich erinnern, wie es sich anfühlt, zuversichtlich zu sein.

✗ Denken Sie dann an jeden einzelnen Ihrer Schüler und beachten Sie dabei besonders ausführlich ihre Fähigkeiten und Möglichkeiten.

✗ Gehen Sie nun in Gedanken in die Zukunft und feiern Sie mit der kompletten Klasse den Abschluss.

✗ Blicken Sie nun zurück und achten Sie darauf, was Sie getan haben, um jeden einzelnen Ihrer Schüler optimal zu fördern und zu diesem Erfolg zu begleiten.

✗ Gehen Sie nun zurück zur Gegenwart und sehen Sie noch einmal in Richtung Zukunft. Machen Sie sich klar, welches Ihre nächsten Schritte und Aufgaben auf dem Weg zum gemeinsamen Erfolg sind.

✗ Beginnen Sie nun zu handeln.

■ So kann man das auch betrachten …

Alexandra Lux

Anwendungsbereich:	Haltung des Lehrers
Lernziel:	geistige Flexibilität des Lehrers
Zielgruppe:	alle Altersgruppen
Zeitaufwand:	ein Gedankenmoment der Reflexion
Material:	keines

 ## Innere Haltung

Das Geschehen, das ich in meiner Umgebung beobachte, wird von meinen eigenen Erfahrungen und Gedanken bewertet. Somit entsteht in mir ein Bild, wie die „Realität" ist. Mit der Idee, dass es aber auch ganz anders sein kann, kann ich Ereignissen andere Bedeutungen zuordnen und dank meiner gedanklichen Flexibilität darauf jeweils anders reagieren.

 ## Vorgehen

Situationen scheinen immer eindeutig zu sein. – Ja? Wirklich?
Wie schnell neigen wir dazu, beobachtetes Verhalten zu interpretieren und uns sofort eine Meinung darüber zu bilden. Das ist erst einmal ganz natürlich, denn unser Gehirn reagiert schnell und unsere Erfahrungen lassen dann nur einseitige Schlüsse zu: Eben diese, die wir selbst schon erlebt haben oder uns in unserer eigenen Gedankenwelt vorstellen können.

Ein simples und alltägliches Beispiel

Ich trage immer eine Armbanduhr, um mich zeitlich orientieren zu können. Mein Handy/Smartphone nutze ich zum Telefonieren und seit ich ein neueres Modell habe, natürlich auch als Kalender, Adressbuch und fürs Internet unterwegs. Jugendliche sehe ich in den öffentlichen Verkehrsmitteln immer damit Spiele spielen oder natürlich auch surfen und chatten.

Nimmt also ein Schüler während des Unterrichts oder auch sonst in der Schule sein Handy heraus, obwohl es strikt untersagt ist, das Handy in der Schule zu nutzen, habe ich zuerst das Bild im Kopf, das ich kenne … Ich reagiere natürlich spontan und setzte zur Maßregelung an.

Doch wie schnell habe ich mich blamiert, als ich bei einem Schüler erkannte, dass der Empfang ausgeschaltet war und er nur auf die Uhr gesehen hat! Diese Art der Nutzung kommt mir nicht in den Sinn, da ich ja meine Uhr benutze. Doch Jugendliche haben kaum noch Armbanduhren, sie haben ja ihre Multifunktionsgeräte.

Aus dieser und anderen Erfahrungen heraus bemühe ich mich, vorschnelle Interpretationen zu vermeiden und meine Kreativität spielen zu lassen, um Situationen und Verhaltensweisen aus einem anderen Blickwinkel zu betrachten. Dann kann ich mich der Möglichkeiten und der „anderen" – also „nicht meiner" – Realität vergewissern und habe die Chance, situationsorientiert und -gerecht zu handeln.

Eine sehr gute Übung zu diesem Thema wird in einem Buch von Barbara Innecken, „Weil ich euch beide liebe", mit einer spannenden Methode beschrieben.

Literatur

Barbara Innecken
Weil ich euch beide liebe.
Systemische Pädagogik für Eltern, Erzieher und Lehrer.
Kösel, 2007.
ISBN 978-3-466-30740-1

2

Von Beziehungs-Waise
zu Beziehungsweise

◼ Einführung

Gudrun Heinrichmeyer

Schule nimmt einen Großteil der **Lebenszeit** von Schülern und Lehrern ein.

Regeln und Rituale wirken energiesparend und helfen, eine gute Beziehung zu entwickeln und zu pflegen – Regeln erleichtern das Zusammenleben.

Hinzu kommt, dass Menschen schneller lernen und mehr behalten, wenn sie sich **innerlich sicher und ausgeglichen** fühlen.

Weiterhin zeigen Forschungsberichte, dass die Bedeutung einer Kommunikation zu ca. 90 % vom **nonverbalen Verhalten** bestimmt wird – nicht vom Inhalt der verbalen Botschaft.

Führen wir all diese Erkenntnisse zusammen, so ergibt sich daraus: Wer in seiner Rolle als Lehrer Beziehungen weise gestalten möchte, der führt für alle Beteiligten sinnvolle Regeln und für diese Regeln wiederum **kleine nonverbale Zeichen** ein, an denen die Schüler ohne Worte des Lehrers erkennen können, welche Regel/welches Ritual gerade angefordert wird.

In diesem Kapitel finden Sie Beiträge, die Schule aus unterschiedlichen Perspektiven betrachten.
Sie finden **Vorschläge zu Regeln, Zeichen und Ritualen** auf unterschiedlichen Ebenen, mit unterschiedlicher zeitlicher Perspektive und Reichweite.

Sie erfahren, wie Sie als Lehrer ...

✗ ... sich selbst in einen förderlichen Zustand begeben, um die Schüler in die gewünschte Richtung mitzunehmen.

✗ ... mit nonverbalen Zeichen nervenschonend Aufmerksamkeit und Disziplin fördern.

✗ ... das persönliche Kennenlernen und einen ersten förderlichen gegenseitigen Eindruck von Lehrern und Schülern gestalten können.

✗ ... nützliche Zeichen setzen können, die Sie im Laufe des Schuljahres gemeinsam mit Ihren Schülern gewinnbringend nutzen können.

✗ ... durch täglich wiederkehrende Rituale und nützliche Gewohnheiten einen liebevollen, lernfördernden Umgang mit Ihren Schülern pflegen können.

✗ ... Regeln nervenschonend einführen können.

✗ ... mit Symbolen, Metaphern und Traumreisen Lernen fördern können.

Viel Spaß beim Lesen!

Unterrichtsbeginn

Herbert Just

Anwendungsbereich:	nonverbale Techniken
Lernziel:	Zu Beginn einer Unterrichtsstunde den Raum dafür schaffen, dass sich Konzentration und Aufmerksamkeit einstellen können.
Zielgruppe:	Schüler, Studenten, Erwachsene, keine Einschränkungen
Zeitaufwand:	1–2 Minuten
Material:	keines

Innere Haltung

Am besten eignet man sich die Haltung des Forschers eigener Emotionen an. Alles, was man fühlt, denkt und tut, ist bedeutsam, wird aber nicht bewertet. Alles wird wahrgenommen mit der Einstellung: Oh, das ist ja sehr interessant!

Vorbemerkungen

Der größte Teil der Kommunikation zwischen Menschen findet im Nonverbalen (Mimik, Gestik etc.) bzw. im Paraverbalen (Sprechgeschwindigkeit, Stimme) statt. Es gibt unterschiedliche Aussagen darüber, wie hoch der Anteil dieser Signale ist (er schwankt zwischen 80 % und 95 %).
Man kann davon ausgehen, dass wir Lehrer, wenn wir etwas sagen, weitaus mehr bewirken über das, wer wir sind, als über das, was wir sagen. Das, was wir bewirken, erleben wir oft unmittelbar und sehen bzw. spüren die Folgen. Sobald wir akzeptieren, dass wir auch zum Teil Ursache sind, können vielfältige Handlungsmöglichkeiten entstehen.

Vielleicht kennen Sie auch das Phänomen der Chaostage. Einer missglückten Unterrichtsstunde folgt eine weitere, noch viel schlechtere Unterrichtsstunde. Am Ende des Schultags voller Unruhe, Anstrengung, Ermahnungen und Beschwerden fragt man sich, ob man wirklich den richtigen Beruf gewählt hat. Der folgende Tag läuft, ohne ersichtlichen Grund, gänzlich anders ab, alles glückt.

Innerhalb von 20 Millisekunden können wir Menschen erkennen, wie ein Mitmensch gerade „drauf" ist. Das geschieht in aller Regel unbewusst und äußerst schnell. Schüler tun das natürlich auch. Sie haben unsere Tagesform bereits beim Betreten des Raums abgecheckt und reagieren darauf. Das geschieht zumeist automatisch.

Ein Schüler fragte mich einmal sofort am Anfang einer Stunde: *„Sind Sie heute schlecht gelaunt?"*
Ich war verdutzt, wie er dazu kam, und meine erste Reaktion war: *„Nein, wieso?"*
Aber dann fiel mir ein, dass ich mich gerade zuvor über einen Schüler geärgert hatte. Dieser Ärger steckte wohl noch in mir und hatte die Federführung übernommen.

Unerkannte Stimmungen von Lehrern und Schülern haben eine enorme Wirkung auf das Wechselspiel im Unterricht. Ist man als Lehrer schlecht drauf, ungeduldig, gestresst, ist die Wahrscheinlichkeit hoch, dass auch die Schüler schlecht drauf sind und ungeduldig oder gestresst reagieren. Ein Teufelskreis setzt sich in Gang, der Chaostag beginnt. Obwohl man dagegen nie gefeit ist, kann man speziell am Unterrichtsbeginn diesen Automatismen etwas entgegensetzen.

 ## Vorgehen

1. **Der Selbstcheck, draußen vor der Tür**
   Ein kleines hilfreiches Ritual sollte man durchführen, bevor man die Türklinke zum Klassenraum berührt. Man stoppt vor der Tür, atmet drei Atemzüge und fragt sich dabei:

   ✗ Wie geht es mir jetzt gerade?

   ✗ Wie bin ich gerade drauf?

   ✗ Wie ist meine Stimmung?

   ✗ Habe ich mich geärgert, gefreut?

   ✗ Wie war die letzte Stunde in dieser Klasse?

   Falls man irgendeine Verstimmung entdeckt, kann man sich fragen:

   ✗ Bin ich bereit, die Verstimmung loszulassen und neu anzufangen?

   ✗ Hindert mich etwas am Neuanfang?

✗ Wer oder was hindert mich?

✗ Kann ich das in einem persönlichen Gespräch außerhalb des Unterrichts klären oder muss es vor der Klasse sein?

✗ Bin ich momentan fähig, die Verstimmung aus der Welt zu schaffen oder muss davor noch etwas anderes getan/geklärt werden?

Der Check geht schnell und wenn man keinen Neuanfang will, weiß man zumindest, dass man keinen Neuanfang will bzw. es die Situation nicht zulässt. Das Ritual ermöglicht Handlungsfähigkeit jenseits der üblichen Reaktionsmuster.

2. Zur Ruhe kommen lassen

Wenn man das Zimmer betritt, sind die Schüler auch auf irgendeine Weise gestimmt. Steht ein Test bevor, färbt das auf die Stimmung ab. War der Lehrer zuvor in einer knackigen Stimmung, merkt man das ebenfalls.
Wie immer: In der Regel sind die Schüler bereit, langsam zur Ruhe zu kommen, indem sie sich auf den Lehrer einstimmen und in gewisser Weise diesen imitieren.
Ein Kollege versuchte, Ruhe herzustellen, indem er laut brüllte: *„Ruhe jetzt! Seid still!"* Dabei fuchtelte er wie wild mit den Armen und lief von einer Seite des Klassenraums zur anderen. Die verbale Botschaft war zwar „Ruhe!", die nonverbale Botschaft widersprach dem aber gänzlich.
Nonverbal drückte der Kollege aus: Brüllt! Bewegt euch! Seid unruhig!
Die Schüler gehorchten den nonverbalen Anweisungen und veranstalteten immer wieder das vorgelebte Chaos.

Will man eine Klasse zur Ruhe führen, muss man selbst ruhig sein.
Dabei sollte man folgende Verhaltensweisen beherzigen:

✗ Man stellt sich bei Beginn der Stunde immer an denselben Ort. Dieser Ort wird nur bei der Begrüßung benutzt.

✗ Man steht ruhig, Füße gerade und aufrecht.

✗ Man sagt nichts, bis sich die Aufmerksamkeit langsam auf einen richtet. Dieses ruhig stehen kann eine Ewigkeit – also bis zu einer Minute – dauern. Man wartet, bis die Konzentration aller Schüler bei einem ist.

✗ Ist ein Schüler oder mehrere Schüler noch nicht bereit, schaut man mit einem direkten, leicht scharfen Blick auf den Schüler und bleibt bei diesem. In der Regel sind die Nachbarn des Schülers einem behilflich und machen diesen auf die Situation aufmerksam.

Erfolgt immer noch keine Reaktion, nennt man den Namen des unaufmerksamen Schülers in leicht gereiztem Ton und wartet ab, bis dieser soweit ist. Hat man dessen Aufmerksamkeit, schenkt man ihm ein leichtes Lächeln. Reagiert er nicht, geht man momentan über die Störung hinweg (solange diese nicht provokativ ist) und sucht später das Gespräch mit dem Schüler.

3. Gesten, die steuern

Man kann über Gesten ein gewünschtes Verhalten hervorrufen, muss aber den Schülern die Gelegenheit geben, die Gesten zu verstehen und zu lernen. Will man beispielsweise, dass die Schüler ihre Käppis im Unterricht abnehmen, kann man das über ein Verbot erreichen. Leider kann das aber auch zu unerwünschten Ergebnissen führen: Die Schüler bocken, versuchen, die möglichen Sanktionen zu unterlaufen oder diskutieren über den Sinn der Maßnahme.

Hinzu kommt, dass die Schüler gar nicht unwillig sein müssen, sondern – um bei dem Beispiel zu bleiben – es schlichtweg vergessen, das Käppi abzunehmen.

Gesten können für unterschiedliche Zwecke genutzt werden, z. B. sich zu melden anstelle loszureden, zur Ruhe zu kommen oder an die Tafel zu schauen.

Um Gesten zu verstehen, wird man einen mehrstufigen Lernprozess initiieren (Beispiel Käppi):

Zu Beginn sollte man der Klasse einmalig den Sinn der Maßnahme erklären und die betreffenden Schüler bitten, die Kopfbedeckungen abzunehmen. Beim nächsten Mal gibt man sowohl eine verbale als auch eine nonverbale Botschaft. Man sagt z. B. *„Käppi"* und deutet über eine kurze Handbewegung an, wie man ein Käppi abnimmt.

Nach einiger Zeit führt man nur noch die Handbewegung durch. Die Schüler wissen, was man erwartet. Nach einer weiteren Zeitspanne schaut man nur noch auf die Kopfbedeckung. Diese Vorgehensweise funktioniert in der Regel recht gut. Die Schüler brauchen aber eine gewisse Zeit, um auf die Gesten wie gewünscht zu reagieren.

◼ Der goldene Kreis

Maria Hublitz

Anwendungsbereich:	Beginn des Schuljahres/erster Schultag
Lernziel:	gegenseitiger Respekt und Disziplin, Wertschätzung gegenüber dem Lehrer
Zielgruppe:	Schüler, Studenten, Erwachsene, keine Einschränkungen
Zeitaufwand:	5 Minuten
Material:	keines

 Innere Haltung

Beim Kennenlernen einer neuen Klasse führe ich ein Ritual ein, das mein Arbeiten im Klassenzimmer sehr erleichtert und meine Stimmbänder und Nerven schont. Diese respektvolle, nonverbale Disziplinierung trägt zu einer positiven Lernumgebung bei und ist als nonverbale Führungstechnik sehr wirkungsvoll.

⇨ Vorgehen

Ich stelle mich neben dem Pult auf einen exponierten Platz und warte, bis alle Schüler ganz ruhig sind und neugierig darauf warten, was jetzt wohl kommt. – Das gelingt in der ersten Stunde meistens reibungslos. Dann frage ich, ob jemand den „Goldenen Kreis" sieht, auf dem ich stehe. Alle recken die Hälse, in manchen Klassen stehen die Schüler aus den hinteren Reihen sogar auf und schauen angestrengt auf den Platz, auf dem ich stehe. Meistens kommt dann von irgendeinem Schüler *„Ja, klar"*, und dann von einigen anderen zögerlich auch die Bestätigung, vor allem wenn Wiederholer in der Klasse sind. Daraufhin erkläre ich ihnen, was es mit diesem Platz auf sich hat: Wenn ich in diesem imaginären goldenen Kreis stehe, habe ich etwas Wichtiges für alle zu sagen (Test, Prüfungen) und erwarte absolute Ruhe im Klassenzimmer. Im Laufe der ersten Unterrichtsstunde übe ich das Prozedere noch ein paar Mal und ab der zweiten Unterrichtsstunde kann man so schnell Ruhe und Aufmerksamkeit erzielen. Die Schüler, die zuerst erkennen, dass ich auf dem magischen Platz stehe, signalisieren es den anderen und in kürzester Zeit habe ich die benötigte Aufmerksamkeit. Ich praktiziere dieses Ankersetzen im Klassenzimmer schon seit einigen Jahren sehr erfolgreich. Damit schone ich meine Nerven und meine Stimme, aber vor allem bleibt die Stimmung im Klassenzimmer entspannt.

Beziehung stiften – oder: Wie man in den Wald hineinruft, schallt es zurück.

Regina Maria Bach

Anwendungsbereich:	Beginn eines Schuljahres, erste Begegnung mit einer neuen Klasse
Lernziel:	wertschätzende Kommunikation aufbauen
Zielgruppe:	Schüler aller Schularten; ab 16 Jahre und älter
Zeitaufwand:	20 Minuten und länger
Material:	Metaplankarten, Stifte

Innere Haltung

Ich erinnere mich an nette, freundliche Klassen.
Ich begegne Menschen mit Wertschätzung, Anerkennung, Toleranz.
Ich bin offen für neue Begegnungen.

Vorgehen

Ich betrete das Klassenzimmer und begegne diesen Menschen in dieser Klasse zum ersten Mal.

Ich trete ein – schaue in die Runde – begrüße die Klasse freundlich und schreibe meinen Namen groß und deutlich an die Tafel – schaue wieder in die Runde – sage meinen Namen und spreche nach einer kleinen Pause zu der ganzen Klasse:

„Wenn Menschen sich zum ersten Mal begegnen, sehen und hören, dann haben sie Ideen und Fantasien voneinander. Menschen erfassen intuitiv andere Personen. Menschen haben Ideen, wie die andere Person leben könnte, wie alt sie sein könnte, wie sie wohnt etc. Genau das machen wir jetzt. Ich lade euch ein zu einer kleinen Übung der Intuition. Ihr dürft hier eure Intuition testen!

Bitte nehmt alle eine Metaplankarte und einen Stift zur Hand.

Ihr nehmt euch fünf Minuten Zeit und schaut mich in Ruhe an. (Es ist still im Raum.) *Ihr habt eine Idee von mir, wie ich lebe, wo ich wohne, welche Musik ich höre, welche Vorlieben ich habe, wie alt ich bin etc. Diese Ideen notiert ihr bitte auf eurer*

Metaplankarte. Vertraut dabei auf eure innere Stimme und Intuition. Sicher fällt euch dazu etwas ein."

Ich stehe still – fast bewegungslos vor der Klasse. Die Schüler beobachten mich. Das Klassenzimmer ist ausgefüllt von einer ruhigen Aufmerksamkeit. Schreibstifte sind zu hören …

Nach fünf Minuten ist die Übung beendet.

Ich biete den Schülern an, Ihre Beobachtungen laut zu äußern. Ich sage dazu, dass all das, was sie beobachtet und niedergeschrieben haben und jetzt äußern, keinerlei Auswirkungen auf ihre Noten hat. Sie können loslegen …

Ich höre mir die Ideen der Schüler an und gebe Auskunft, was stimmt und was nicht. Es herrscht große Aufmerksamkeit im Raum. Beide Seiten sind neugierig und freuen sich, wenn ihre Vermutungen zutreffen.

So vermuten sie z. B. immer, dass ich ein Haustier halte, dass ich gesund lebe und mich gesund ernähre, dass ich naturverbunden bin und meinen Beruf gerne mache, dass ich gute Menschenkenntnis besitze etc.

Es freut sie, wenn ich ihre Vermutungen bejahen kann. – Die Aufmerksamkeit nimmt zu, kleine persönliche Gespräche ergeben sich, ich erfahre, wo und wie meine Schüler leben oder wohnen, wer mit einem Haustier lebt und welchen Namen die tragen. Das Arbeitsklima ist ruhig, offen, aufmerksam und wach. Das Interesse an der Person ist geweckt. Die Neugierde wächst.

Die Grundlage für eine gute Arbeitsatmosphäre ist gelegt. Ich lasse persönliche Fragen zu und gebe damit einen respektvollen, achtsamen und wertschätzenden Umgang miteinander vor. Ich öffne damit die Beziehungebene, eine Grundlage für gelingendes Lernen miteinander.

Information

In seinem Buch „Lob der Schule" schreibt Professor Joachim Bauer, dass ein Erfolgsgeheimnis guten Unterrichts die Beziehung zwischen der Lehrperson und den Lernenden ist.
Dies erfordert eine vielfältige Kompetenz der Lehrperson und eine Wachheit für eigene Wachstumsprozesse.
Mit dieser Übung wird eine Vorgabe gemacht, was in diesem Unterricht wichtig ist und worauf geachtet wird: Auf die Person und ihre Lernprozesse. Ich führe

und die Schüler gehen mit und machen es ähnlich: Ich sage Persönliches und sie tun es ebenso.

Die Spiegelneuronen wirken. Das Lernen am Modell ist wirksam.

Die erste Begegnung hinterlässt einen Eindruck.

Und noch ein Tipp zum Gelingen dieser Übung

Prüfen Sie Ihre Haltung und Ihre eigenen Werte, wenn Sie diese Übung einsetzen wollen.

Was Sie vorgeben, müssen Sie auch innerlich wollen und bejahen.

Achtsamkeit und Respekt sind Voraussetzung für diese Vorgehensweise.

Bringen Sie Blätter oder Metaplankarten mit und einen wachen Blick.

Metaplankarten mitbringen kann nonverbal heißen: Ich bringe etwas mit – ihr bringt etwas mit, indem ihr das Blatt mit Gedanken und Beobachtungen füllt.

Die Karten können zum Schluss vernichtet werden, wenn die Schüler dies wollen.

Sie entscheiden über den Verbleib der Karten.

■ Begrüßung der Klasse

Herbert Just

Anwendungsbereich:	Rituale
Lernziel:	Konzentration auf die kommende Stunde
Zielgruppe:	Schüler aller Altersgruppen
Zeitaufwand:	1–2 Minuten
Material:	keines

 **Innere Haltung**

Gelassenheit und Geduld, Zuwendung zur Klasse

 Vorgehen

Die Art und Weise, wie ich mich am Anfang einer Stunde zeige und benehme, ist entscheidend für den Ablauf einer Unterrichtsstunde.

Ein ehemaliger Kollege von mir war ein Naturtalent, um aus einer zahmen Klasse innerhalb weniger Sekunden einen chaotischen Haufen zu machen. Wie er das machte? Ganz einfach: Er kam in die Klasse, herrschte einen Schüler barsch an, einen Zettel aufzuheben, und brüllte: *„Ruhe!"* Er fuchtelte mit den Händen, rannte hin und her und brüllte laut: *„Seid endlich ruhig, sonst werde ich ..."*

Klassen stellen sich auf Lehrer ein. Sie imitieren unbewusst die nonverbalen Botschaften. In diesem Fall fingen sie an zu schreien, zu streiten und sich zu bewegen. Im Nebenzimmer hörte ich fallende Stühle, schreiende Schüler und Getrampel. Schüler richten sich – wie gesagt – immer auf die nonverbalen Signale ihrer Lehrer ein. Aber wir Lehrer sind manchmal so vom Stoff getrieben, dass wir uns keine Zeit nehmen, selbst zur Ruhe zu kommen und die Schüler zur Ruhe kommen zu lassen.

Das Beste ist, die Klasse auf immer gleiche Weise zu begrüßen und sich für die Begrüßung Zeit zu lassen.

Das könnte wie folgt aussehen: Ich gehe immer an einen festgelegten Ort im Klassenzimmer, den Begrüßungsort. Dort stelle ich mich hin, die Beine parallel, die Arme ruhig, die Schultern breit, den Kopf gerade. Diese symmetrische Körperhaltung signalisiert den Schülern einen hohen Status. Danach kommt für uns Lehrer die schwierigste Aufgabe: Wir reden so lange nichts, bis es völlig still geworden ist. Die Schüler richten sich im Normalfall immer an dem Lehrer aus, daher wird es still werden.

Sollte sich die Ruhe nur schwer einstellen, so kann ich mit scharfen Blicken nachhelfen. Aber oberstes Gebot ist, nicht zu reden. Erst wenn es wirklich still geworden ist, begrüße ich die Klasse.

Je häufiger ich das Ritual auf die immer gleiche Weise durchführe, desto eher und leichter wird sich Ruhe einstellen. Der größte Feind jedoch sind wir selbst und unsere Beredsamkeit. Wir halten es oft nicht aus, eine Minute dazustehen und nichts zu sagen.

Sie glauben es nicht? Versuchen Sie es doch erst einmal nur für 30 Sekunden. Ich sage Ihnen: Das ist für uns Lehrer wie eine halbe Ewigkeit.

■ Einführen von Regeln und Ritualen

Rolf-Dieter Aff

Anwendungsbereich: im Unterricht/nonverbale Techniken
Lernziel: Einüben nonverbaler Kommunikation
Zielgruppe: alle Altersgruppen, je früher, desto besser
Zeitaufwand: zum Einüben 5 – 10 Minuten in mehreren Stunden über 1 bis 2 Wochen
Material: farbige Karten, Platzanker, Arbeitsblätter

 Innere Haltung

Wir vermitteln/erreichen wesentlich mehr durch das, was wir tun und wie wir es tun, als durch das gesprochene Wort. Im Klartext gesprochen: die eigene Präsenz ist wichtig. Selbst- und Rollenbewusstsein drückt sich in der Haltung und durch die Haltung aus.

⇨ Vorgehen

Neulernen ist besser als Umlernen. Allerdings bedarf es auch beim Neulernen wie bei jedem Lernvorgang einer sinnvollen Strategie. Meine Strategie beim Einführen einer Regel, eines Rituals oder eines Ablaufs während des Unterrichts beruht auf den Tipps, die Michael Grinder in seinem Buch „Ohne viele Worte" für das „Einführen einer Regel" empfiehlt.

Drei Kriterien müssen dabei erfüllt werden:

1. Bestehen Sie darauf, dass Ihnen die Schulleitung in der ersten Woche für Ihre (neue) Klasse 2 bis 3 Tage zur ausschließlichen Verfügung stellt. Nicht nur die ersten Sekunden einer Unterrichtsstunde sind von maßgeblicher Bedeutung, sondern auch die ersten Tage eines neuen Schuljahres. In diesen Tagen legen Sie den Grundstein für das Miteinander in Ihrer Klasse während des gesamten Schuljahres.

2. Verinnerlichen Sie, dass Sie körpersprachlich wesentlich mehr vermitteln und erreichen als durch das gesprochene Wort. Erinnern Sie sich an Situationen, in denen Ihnen das gelungen ist. Alternativ können Sie sich solche Situationen auch einfach (gedanklich) konstruieren und einprägen. Wichtig dabei ist, dass Sie sich stets daran erinnern, dass Sie das Vorbild sind. Was Sie tun und vorleben, werden Ihre Schüler aufgreifen.

3. Die eigentlichen Phasen der Einführung:
   a) **verbal** und **nonverbal** (Regel benennen und Geste ausführen). Beispiel: *„Meldet euch bitte, wenn ihr wisst, was 5 mal 12 ergibt!"* – dazu Hand heben und gegebenenfalls auf ein Arbeitsblatt oder eine Aufgabe deuten, die an der Tafel steht.
   b) **nonverbal** (Geste ausführen): *„Wie viel ist 8 mal 15?"* – dazu Hand heben
   c) Wenn die Durchführung gut eingeübt wurde, wird sie sich verselbstständigen, d.h., der **fragende Impuls** genügt: *„Wie viel ist 8 mal 7?"*

Es ist wichtig, dass die Signale, die wir geben, eindeutig sind. Glauben Sie nicht, dass 20 Sekunden stilles Verharren verlorene Zeit sind. Dem gegenüber stehen viele Minuten, ja Stunden voller Aufregung, Hektik und unerwünschter Lautstärke. Dafür gibt es an anderer Stelle im Unterricht noch genügend Raum und Zeit.

Zur Unterstützung der Lernvorgänge bzw. der nonverbalen Signale verwende ich beispielsweise die im Artikel „Ich stehe in der Klasse – Begrüßungsritual und Raumanker" beschriebenen Platzanker oder grüne, gelbe und rote Karten, deren Bedeutung als nonverbale Signale genauso eingeführt werden wie eine Regel oder ein Ritual: Die grüne Karte signalisiert der ganzen Klasse meinen Wunsch nach Ruhe/Stille. Die gelbe Karte richte ich auf einzelne Schüler, die das erste Signal (grüne Karte) nicht wirklich wahrgenommen oder verstanden haben. Sie bedeutet so viel wie „letzte Ermahnung/Verwarnung". Die rote Karte hat Konsequenzen, die im Bereich der pädagogischen Maßnahmen angesiedelt sind. Wenn diese Maßnahmen den Schülern zu Beginn eines Schuljahres deutlich gemacht wurden, kommt die rote Karte nur noch sehr selten zum Einsatz. Auch bei Verwendung dieser Karten gilt das Prinzip: Präsenz zeigen! Diese nonverbalen Hilfsmittel funktionieren kaum, wenn man sich hinter dem Lehrerpult versteckt: Aufrecht stehen, in der Klasse sein, sich zeigen ist hier das Gebot der Stunde.

Literatur

Michael Grinder
NLP für Lehrer.
VAK-Verlag, 2007.
ISBN 978-3-924077-21-1

Michael Grinder
Ohne viele Worte.
VAK-Verlag, 1995.
ISBN 978-3-924077-73-0

Positiv formulierte Regeln im Klassenzimmer

Gudrun Heinrichmeyer

Anwendungsbereich:	Klassenregeln
Lernziel:	Klassenregeln optimal formulieren
Zielgruppe:	Lehrer und Schüler aller Altersgruppen
Zeitaufwand:	eine Unterrichtsstunde
Material:	Plakat, Marker/bunte Stifte/Farbe

 ## Innere Haltung

Gehirngerechte Anweisungen erleichtern die Verarbeitung. Ich kann das Verhalten meiner Schüler durch positive Formulierungen steuern.
Ich strebe es an, meine Sprache weiter und weiter zu präzisieren.

 ## Vorbemerkungen

In Klassenzimmern hängen oft Verhaltensregeln. Leider sind die Verhaltensregeln sehr häufig in Form von Verboten formuliert, z. B.:

✗ Ich darf nicht dazwischenreden.

✗ Ich darf nicht herumrennen.

✗ Ich darf nichts kaputt machen.

✗ ...

Was all diese Beispiele auszeichnet, ist das Wort NICHT. Das nennt man im NLP-Sprachgebrauch eine negative Formulierung. Wobei negativ nicht „schlecht", sondern „verneint formuliert" meint.

 ## Vorgehen

Ein kleines Experiment: Denken Sie bitte nicht an einen blauen Elefanten! – Schon passiert? – Das ist normal.

Sie mussten zumindest ganz kurz einen blauen Elefanten vor Ihrem geistigen Auge sehen, damit sie meine Anweisung verstehen konnten. Vielleicht haben Sie das innere Bild danach durchgestrichen oder anderweitig entfernt, um das Verbot einzuhalten.

Das geschieht in Ihrem Kopf, weil Sie, wie alle Menschen, nur in den Qualitäten Ihrer Sinnessysteme denken können. Unsere Sinne bilden die Schnittstelle zur Welt. Wir sehen, hören, riechen, schmecken und fühlen, was außerhalb von uns vorgeht. Wenn wir uns erinnern oder den Worten anderer Menschen folgen, entstehen in unserem Kopf Seh-Hör-Riech-Schmeck-Fühl-Filme, die uns verstehen lassen, worum es gerade geht.

Verneinungen gibt es nur in der Sprache, nicht in den Bildern. – Deshalb ist es eine komplizierte Leistung des Gehirns, einen verneinten Satz darzustellen. In jedem Fall wird zunächst ein Film oder Bild des nicht verneinten Inhalts erzeugt. Hier liegt das Problem. Weil Menschen ihrem „Vorbild" im Kopf folgen, neigen sie dazu, das zu tun, was ihnen ihr inneres Bild gerade gezeigt hat.

Steht in den Regeln „nicht herumlaufen", so sieht der Schüler herumlaufen und bekommt Lust, das auch zu tun. Dieses Verbot ist also kontraproduktiv. Es ist eher eine unbewusste Aufforderung dazu, das Verbotene zu tun, als ein Hinderungsgrund.

Besser sind positive Formulierungen wie:

✗ Ich bleibe während des Unterrichts auf meinem Platz sitzen.

✗ Ich höre zu, wenn andere sprechen.

✗ Ich melde mich, wenn ich etwas sagen möchte.

✗ Ich bin freundlich zu Lehrern und Mitschülern.

✗ Ich behandle Arbeitsmaterial sorgsam.

✗ …

Ein Bild sagt mehr als tausend Worte: Optimal gestaltete Klassenregeln illustrieren Bilder des erwünschten Verhaltens.

NLP-Information

✗ Gehirngerechte Informationen sind „positiv formuliert" (ohne Verneinung).

✗ Positive Formulierungen sind in Bildern und Filmen abbildbar und erleichtern es dem Gehirn, die Information direkt zu verarbeiten.

✗ Die inneren Bilder sind die „Vorbilder" für die darauffolgenden Handlungen.

✗ Klassenregeln, in denen beschrieben wird, was genau die Schüler tun sollen, erleichtern den Schülern die Umsetzung des erwünschten Verhaltens.

✗ Optimale Klassenregeln enthalten zusätzliche oder nur bildliche Darstellungen des erwünschten Verhaltens.

Klassenregeln

 Ich bin freundlich zu Mitschülern und Lehrern.

 Ich melde mich, wenn ich etwas sagen möchte.

 Ich höre zu, wenn andere sprechen.

 Ich bleibe während des Unterrichts auf meinem Platz sitzen.

 Ich behandle Arbeitsmaterialien sorgsam.

...

■ Auch „große" Schüler brauchen Regeln

Maria Hublitz

Anwendungsbereich:	Regeln für erwachsene Schüler
Lernziel:	Erkennen, dass es für ein effektives Lernen und respektvolles Miteinander Regeln braucht
Zielgruppe:	erwachsene Schüler
Zeitaufwand:	15 Minuten
Material:	Tafel, Flipchart, Moderationskarten, Stifte, DIN-A3-Blatt

 ## Innere Haltung

Respekt, Wertschätzung, Höflichkeit, Disziplin und Kooperationsfähigkeit sind mir wichtig für ein gutes Miteinander im Klassenzimmer.

 ## Vorgehen

Wenn ich am ersten Schultag in der 11./12./13. Klasse mit dem Thema „Regeln für den Unterricht" beginne, sind die Schüler meist leicht genervt und gelangweilt, da sie dieses Thema schon seit Jahren kennen. Trotzdem haben sich die Regeln bei den Schülern häufig nicht so verfestigt, sodass eine erneute Regelung sinnvoll ist.

Auf einem Flipchart habe ich Folgendes vorbereitet:

> ### Meilensteine meiner Schullaufbahn:
>
> ✗ Was hat mich beim Lernen motiviert?
>
> ✗ Was hat mich beim Lernen behindert?
>
> ✗ Highlights?
>
> ✗ Krisen?

Nun bitte ich die Schüler, sich kurz an ihre bisherige Schullaufbahn zu erinnern und sich zu den einzelnen Punkten Notizen zu machen.

Danach gibt es einen kurzen Austausch mit dem Tischnachbarn über die gewonnenen Erkenntnisse. Anschließend soll jeder Schüler auf eine Moderationskarte schreiben, was ihm in seiner bisherigen Schullaufbahn am besten im Unterricht geholfen hat, gut lernen zu können. Diese Karten werden von den Schülern mit einer kurzen Erläuterung an der Tafel befestigt.

Es ist immer wieder interessant, dass sich fast alle Schüler Ruhe und die Unterstützung des Lehrers und der Mitschüler wünschen.

Danach zeige ich auf einem farbigen DIN-A3-Blatt folgende drei Regeln für das Klassenzimmer, die ich schon vorbereitet habe, und frage die Schüler, ob sie damit einverstanden sind oder ob sie noch etwas ergänzen möchten.

Jeder Schüler hat ein Recht auf Lernen!

Jeder Lehrer hat ein Recht auf Unterricht!

Jeder hat die Rechte des Anderen zu respektieren!

Wenn es keine Einwände gibt, lasse ich das Plakat von jedem Schüler unterschreiben und hänge es dann für alle gut sichtbar im Klassenzimmer auf.

Bei Bedarf brauche ich nur auf das Plakat zu weisen und in den allermeisten Fällen erinnern sich die Schüler mit einem Schmunzeln an unsere Abmachung.

Stimmungsbarometer

Alexandra Lux

Anwendungsbereich:	Gruppenbildung
Lernziel:	Wahrnehmung der anderen und sich selbst
Zielgruppe:	Sekundarstufe I
Zeitaufwand:	je nach Gruppengröße, Gesprächigkeit der Teilnehmer und eingeräumten Gesprächs- und Themenraum 15 – 30 Minuten
Material:	evtl. Smiley-Symbole als Karten: glücklich, traurig, ängstlich, wütend, unentschlossen

 ## Innere Haltung

Ein echtes Gemeinschaftsgefühl entwickelt sich in einer Gruppe, wenn das einzelne Mitglied das Gefühl hat, gesehen und geschätzt zu werden, sich sicher und getragen fühlt. Als Gruppenleiter brauche ich selbst Interesse am Erleben und Empfinden der Gruppenmitglieder und lebe dieses vor. Ich unterstütze die Gruppenmitglieder im Ausdrücken ihrer Gefühle und Bedürfnisse, indem ich sie wertschätze, ihnen helfe, sich zu artikulieren und echt hinsehe und hinhöre. Ich akzeptiere die verschiedenen Gefühle und aktiviere Ressourcen durch die Bewusstmachung positiver Erlebnisse oder Anteile negativ erlebter Ereignisse. Außerdem überprüfe ich ständig meine eigenen Gedanken zum Erzählten.

 ## Vorgehen

Als LernCoach arbeite ich mitunter auch mit Kleingruppen zu bestimmten Themen. Der Rhythmus ist meist wöchentlich. Ein Grundsatz meiner Arbeit ist jeweils das bewusste, gemeinsame Beginnen der Einheit. Jeder soll ankommen dürfen und Raum bekommen, gesehen zu werden. Somit beginne ich immer mit einem Begrüßungs- und Ankomm-Ritual.

Idealerweise treffen wir uns im Kreis, sodass auch jeder jeden sehen kann. Ich begrüße die Gruppe und eröffne die Runde. Je nach Alter der Schüler geht ggf. ein „Redeball" o. Ä. herum. Bei jüngeren Schülern habe ich auch eine Smiley-Scheibe, bei der man verschiedene Gefühls-Gesichter einstellen kann.

Dann darf jeder erzählen, wie es ihm geht. Bei älteren Schülern lege ich den Fokus auf ein positives Erlebnis des Tages oder auch des Zeitraumes, in dem wir uns nicht gesehen haben: Was war heute/letzte Woche gut? – Dabei achte ich darauf, dass jeder mindestens ein positives Erlebnis berichtet, z. B. auch nur eine Situation in einer Pause. Auch ich erzähle, wie es mir geht und worüber ich mich gefreut habe.

Streitereien finden hier ebenfalls Gehör. Ich frage dann auch, ob die Sache jetzt hier zu lösen ist oder was es für eine Lösung bräuchte. Meist sind die Schüler einfach nur froh, dass sie es aussprechen durften.

Durch diese Runde erreiche ich, dass jeder weiß, wie es dem anderen gerade geht und warum er evtl. so „schief" schaut. Außerdem erreiche ich durch den Fokus auf etwas Positives eine positive und offene Grundstimmung auf dem Stimmungsbarometer, auf dessen Basis ich dann arbeiten kann.

Anregung

Räumen Sie Ihren Schülern mindestens ein Mal in der Woche eine solche Zeit ein, in der sie sich äußern können, sich gesehen fühlen können und auch ein Miteinander entwickeln können. Wenn Ihnen diese Zeit wichtig ist, dann fühlen sich auch Ihre Schüler ernst genommen.

Wenn die Gruppe größer ist und Sie trotzdem wissen wollen, wie die Stimmung in der Klasse ist, eignet sich eine Leiste mit einer Smiley-Abstufung von glücklich über neutral zu traurig. Die Schüler markieren die Leiste mit Klebepunkten oder an der Tafel mit Strichen etc. oder stellen sich entsprechend im Raum auf, in dem vorher die Abstufungen vereinbart wurden.

■ ZWERG I – oder: Frisch anZWERG!

Rolf-Dieter Aff

Anwendungsbereich:	kleine Helfer
Lernziel:	Entspannung, Fantasie, Spiel, Spaß als sehr nützliche Unterstützer in der Schule
Zielgruppe:	5. und 6. Schuljahr
Zeitaufwand:	einige Fantasiereisen von 10–15 Minuten Länge
Material:	Zwerg-Figuren, selbst gebastelt (z. B. von der vorhergehenden Klasse), was nicht ganz einfach ist, oder Plastik-/Hartgummifiguren (z. B. Internetversand)

 Innere Haltung

Bei Schülern in diesem Alter spielt die Fantasiewelt noch eine große Rolle. Sie entwickeln gerne eine Beziehung zu ihren Talismanen und Kuscheltieren oder identifizieren sich mit Fantasiegestalten. Dem tragen wir Rechnung und verbinden das Angenehme mit dem Nützlichen.

 Vorgehen

Die erste Woche im neuen Schuljahr ist vorbei. Die Schüler meiner neuen 5. Klasse sind angekommen. Angekommen? Nun, sie sind auf dem Weg. Da sind so viele Neuerungen, Regeln, Eindrücke an dieser großen Schule (Gesamtschule). Was sie unbedingt noch brauchen, ist etwas Freundliches, Nettes, Vertrautes – etwas, woran sie sich festhalten können. Deshalb nehmen wir uns in der Klassenlehrerstunde ein wenig Zeit für eine Entspannungsübung und eine Fantasiereise. Das kennen sie schon von der Grundschule. Dennoch gelingt es nicht allen, gleich zur Ruhe zu kommen. *„Das wird schon"*, sage ich mir und sage ich ihnen. Ich wähle einen einfachen Text, den ich möglichst ruhig und gleichmäßig spreche. Nichts allzu Aufregendes, etwas, das sich die Schüler vorstellen können. Wir beginnen mit der Einstimmung auf den eigenen Atemrhythmus, dem Loslassen von gedanklichem Ballast und richten die Aufmerksamkeit nach innen. Nach einiger Zeit begeben wir uns auf einen virtuellen Spaziergang im Sonnenschein, über eine Wiese, zu einem Baum, der Schatten spendet und zum Ausruhen einlädt. Und dort füge ich zwei Elemente hinzu, die wir in Zukunft benutzen wollen, um Entspannung mit Lernen zu verbinden:

Das Lernhaus (ein virtuelles Haus mit Ruheraum, Pokalschrank, Archiv, Arbeitsplatz etc.) und den ZWERG. Die Schüler entdecken einen verborgenen Eingang, der in das Lernhaus führt. Wir „besichtigen" gemeinsam die Räumlichkeiten, wobei ich einige Eckdaten vorgebe, vieles allerdings ihrer Fantasie überlasse. Wir werden uns später im Kunstunterricht mit dem Grundriss und ihren Vorstellungen noch einmal näher beschäftigen …

Die Entdeckungsreise endet damit, dass die Schüler von mir einen Zwerg geschenkt bekommen, eine kleine Figur aus Plastik, die zu ihrem Begleiter und Talisman wird. Der Zwerg besitzt alle guten und hilfreichen Eigenschaften, die wir im Anschluss an unsere Entspannungsübung noch thematisieren: **ZWERGE sind klein, flink, fleißig, lustig, listig, hilfsbereit, stark, unauffällig, fröhlich, ehrlich** … Wie könnte man auf sie als Unterstützer verzichten?

Diese kleinen Burschen kennen sich nebenbei auch noch sehr gut im Lernhaus aus und sie besitzen einen Schlüssel dazu. Sie passen auf, helfen beim Lernen, behalten und organisieren, stellen Fragen, geben Antworten und vergessen nichts. Sie bilden außerdem die Grundlage für die Lernmethode ZWERG (siehe ZWERG II – oder: Lernen, üben und wiederholen einmal anders).

Text zum Centering: Lernhaus

*„Deine kleine Gedankenreise beginnt damit, dass du dir vorstellst, dein Geist könnte sich aus deinem Körper lösen. – In Gedanken ist alles möglich. – Und so kannst du dich aus diesem Raum hinausbegeben, du kannst durch Wände schweben und davonfliegen. – Stelle dir vor, es ist ein herrlicher Tag: Die Sonne scheint, der Himmel ist blau, die Vögel singen und die laute Welt bleibt hinter dir zurück. – Du fliegst zu einer großen Wiese mit grünem Gras und bunten Blumen. Dort landest du ganz sanft und setzt deinen Weg zu Fuß fort. Du schaust dich um – und entdeckst einen Baum, einen großen, mächtigen Baum mit einem gewaltigen braunen Stamm, weit ausladenden Ästen und unendlich vielen grünen Blättern. Dort gehst du hin – und entdeckst, verborgen von den Ästen und Blättern, ein **Baumhaus!** – Und während du noch überlegst, wie du hinaufkommen sollst, bemerkst du, dass aus einem Fenster des Baumhauses ein Zwerg herausschaut – **dein Zwerg.** –*

*Und er winkt dir zu und ruft: ‚Komm herauf, du kannst doch fliegen!' Und schon beginnst du hinaufzuschweben. – Langsam näherst du dich der Tür, die ganz aus Holz gefertigt ist und an der ein großes Schild hängt. – Auf diesem **Schild ist in deiner Lieblingsfarbe dein Name** geschrieben. Und darüber steht: **Lernhaus.***

Während du noch staunst, öffnet dir dein Zwerg die Tür. – ‚Komm herein', sagt er, ‚es ist dein Lernhaus und ich bin hier der Hausmeister.'

*Du trittst ein und schaust dich um. Es ist innen vieeeeel größer, als es von außen aussieht. – Da ist ein langer Flur. An den Wänden hängen **Urkunden und Zeugnisse**. ‚Alles von dir', sagt der Zwerg. – Dann entdeckst du links eine Tür. Du öffnest sie und schaust hinein. ‚Das ist der Ruhe- und Entspannungsraum. – Hier kann man gut ein Mittagsschläfchen machen oder sich hierher einfach mal zum Nachdenken zurückziehen.'*

*An den Wänden hängen wunderschöne Bilder. – Aber, neugierig wie du jetzt bist, willst du erst einmal weiter. – Jetzt siehst du auf der rechten Seite eine weitere Tür. ‚Das ist das **Archiv**', sagt der Zwerg. ‚Hier befindet sich alles, was du je gelernt hast, was du weißt und was du kannst. – Alles fein säuberlich in Regalen und Schränken geordnet und aufbewahrt.'*

*Und schon geht es weiter durch den Flur und zur letzten Tür – wieder auf der linken Seite. – ‚Das ist das **Arbeitszimmer**', meint der Zwerg, während er dir die Tür öffnet, damit du einen Blick hineinwerfen kannst. – Du entdeckst einen Schreibtisch und einen Computer, einen Drehstuhl und noch viele weitere, kleine und große nützliche Dinge. –*

‚Das muss erst mal genügen für heute', sagt der Zwerg bestimmt. ‚Du kannst jederzeit hierherkommen, ob zum Lernen oder ausruhen, oder wenn du etwas suchst oder wissen möchtest. – Ich bin hier. Ich passe auf, dass nichts wegkommt und dass niemand außer dir hier herein gelangt. – Ich habe den Schlüssel.'

Ganz groß und stolz sieht er aus, während er das sagt. – Du bedankst dich bei ihm – und gehst langsam zurück, winkst ihm noch einmal zu, bevor du durch die Tür trittst und dann sanft nach unten schwebst. –

*Dann atmest du einmal tief durch, lächelst und fliegst mit einem **Gefühl tiefer Zu- friedenheit** zurück. – Glücklich landest du hier im Klassenzimmer, in deinem Körper.*

*Du hörst wieder die Geräusche um dich herum, spürst die Nähe anderer Menschen, fühlst deine Arme und Beine, die sich bewegen wollen. – Du atmest noch einmal tief durch, streckst dich, dehnst dich, gähnst, wenn du Lust dazu hast, und öffnest die Augen. – Du bist wieder ganz da! **Ganz im Hier und Jetzt!**"*

Centering (allgemein)

Centering-Beispiel, das je nach Situation abgekürzt oder variiert werden kann (Anm.: Ggf. vorher um Erlaubnis für Anrede bitten. Falls notwendig, bestimmte Situationen vorher abklären, z. B. Höhenangst, Allergien etc., langsam sprechen, genügend Pausen (–) machen. Evtl. leise Entspannungsmusik im Hintergrund laufen lassen.)

„Ich möchte dich zu einer Entspannungsübung einladen.

Bereite dich in aller Ruhe darauf vor, indem du einen Platz findest und eine bequeme Haltung einnimmst. (Anm.: Diese kann liegend – dann ist der Text an entsprechender Stelle zu variieren – oder sitzend sein).

Wichtig ist, dass die Position dir angenehm ist. Du kannst deine Hände auf die Oberschenkel oder wie ein Gefäß in den Schoß legen. Beide Füße stehen fest auf dem Boden. Wenn du willst, schließe die Augen. –

Überprüfe noch einmal deine Haltung, den Zustand deiner beginnenden Entspannung. Spüre die Berührung des Stuhles und des Bodens. Beide stützen und entlasten dich.

Atme gleichmäßig ein und aus. –

Nimm wie aus einiger Entfernung die Geräusche deiner Umgebung wahr – und lasse sie nach und nach davongleiten – lasse sie los. –

Während dein Atem immer gleichmäßiger und ruhiger wird, richtest du deine Aufmerksamkeit nach innen. Nimm dir Zeit dafür, die Zeit, die du benötigst. –

Nun lasse die Ereignisse des Tages noch einmal Revue passieren. Vielleicht gab es gerade heute ein gutes Gespräch, ein Erlebnis oder wichtiges Ereignis, das noch einmal betrachtet werden will. Hab Vertrauen zu deinen Erinnerungen. – Während sie in deinem Inneren vorüberziehen, merkst du vielleicht, wie deine innere Ruhe und Gelassenheit noch größer wird.

Richte nun deine Aufmerksamkeit noch stärker nach innen, folge deinem Atem, während du tief, ruhig und gleichmäßig ein- und ausatmest. Atme tief in den Bauch hinein und stelle dir vor, dass du dabei Kraft und Energie sammelst. Beim Ausatmen wiederum stellst du dir vor, dass du die Alltagsgedanken loslässt, dass alles, was dich belastet, mit hinausfließt. Lass deine Gedanken einfach ziehen – lass sie los. – Und während du so den Platz in deinem Inneren schaffst, breitet sich dort vielleicht so etwas wie Offenheit und Neugier aus. Offenheit und Neugier, um neue Erfahrungen zu sammeln: Erfahrungen, die dir vielleicht neue Wahlmöglichkeiten, neue Perspektiven, Erkenntnisse und Sichtweisen eröffnen.

Du bist ruhig und entspannt. –

(Anm.: Hier kann nun variiert werden, z. B. Drachenflug, Kraftort, Lernhaus, Atemübung, Schwere- oder Wärmeübung etc.)

Gönne dir nun die Freiheit, auf eine Reise zu gehen, hin zu einem Ort deiner Wahl, einem Ort, den du mit den schönsten Erinnerungen verbindest. Sicher gibt es für dich einen solchen Ort, voll Schönheit und Kraft, voll Energie und Freude. – Begib dich in Gedanken dorthin. – Bedenke: Die Gedanken sind frei – sie können fliegen. –

Suche dir nun eine Position, von der aus du diesen Ort überschauen kannst. Vielleicht nimmst du Farben wahr. – Vielleicht sind da sogar Bewegungen, Dinge, Geräusche oder Gerüche. Vielleicht erfüllt dich die Erinnerung mit Wohlbehagen. – Nimm alles auf, was dich mit angenehmen Empfindungen erfüllt. Wenn du willst, verändere deine Position an dem Ort, an den du dich begeben hast. Verändere das Bild oder die Größe des Bildes, das sich dir zeigt, nach deinen Vorstellungen. Nimm deinen Lieblingsort wie in einem Film wahr, beziehe alle schönen Erinnerungen, die auftauchen, mit ein. Gib ihnen den Platz, den sie benötigen – bis du dich ganz und gar wohl fühlst. Alles kann wichtig sein – für dich. Jede Wahrnehmung kann dein Wohlbehagen, deine Entspannung steigern. Finde nun für deinen Film oder dein Bild einen Namen – einen gefühlsmäßig schönen, positiven Begriff. – Präge ihn dir ein, halte ihn fest – und verstärke dieses Festhalten durch das Aneinanderdrücken von Daumen und Zeigefinger der linken Hand. Diese Geste wird es dir jederzeit ermöglichen, dich in Sekundenschnelle gedanklich an deinen Lieblingsort zu begeben um dort Kraft und Energie zu tanken. –

Verlasse nun deinen Lieblingsort – ruhig und gelassen – und in der Gewissheit, jederzeit zurückkehren zu können. Atme gleichmäßig ein und aus, werde dir deines Atems wieder bewusst.
(Anm.: Hier schließt sich der Kreis wieder, falls andere Formulierungen und Übungen verwendet wurden.)

Komm nun langsam wieder zurück an diesen Ort – ins Hier und Jetzt! Nimm (die Musik und) die Geräusche um dich herum wieder wahr: Spüre die Bewegungen in deiner Umgebung. Lasse nun auch Bewegung in deinen Körper fließen. Strecke Arme und Beine, bewege Finger, Zehen und Kopf. Atme nochmals tief ein und aus und (öffne die Augen und) schau wieder in die Welt da draußen.

*Du bist wieder ganz da – im **Hier** und **Jetzt**."*

■ Ich stehe in der Klasse – Begrüßungsritual und Raumanker

Rolf-Dieter Aff

Anwendungsbereich: Ankerarbeit
Lernziel: Aufmerksamkeit gewinnen, nonverbal kommunizieren
Zielgruppe: alle Altersgruppen
Zeitaufwand: 1 – 2 Minuten
Material: Karton mit Beschriftung

 Innere Haltung

Als Lehrer benötige ich stets Vertrauen zu meinen Intentionen und Handlungen. Ich befinde mich in einer Position, in der ich alle Schüler sehen und in der ich von allen Schülern wahrgenommen werden kann. Ich bin offen und freundlich, egal, was vorher geschehen ist. Ich bin jeweils das Modell, das Vorbild für meine Schüler. Ich versetze mich selber, während ich den Ankerplatz betrete, in einen positiven Zustand, den die Schüler erkennen und wahrnehmen können. Sie folgen mir dann, ohne dass es eines Wortes bedarf. Es ist das vielleicht entscheidende Ritual eines jeden Schultages.

⇨ Vorgehen

Ich stehe in der Klasse. Ich stehe und warte. Ich beobachte und achte auf meine Atmung (bewusst, gleichmäßig, ruhig, tief) und bringe mich in eine freundliche, zugewandte und achtsame Stimmung, indem ich meine Zuversicht im Blickkontakt mit den Schülern zum Ausdruck bringe. Die innere Haltung ist dabei von besonderer Bedeutung, denn die Schüler erkennen sehr schnell, in welchem Zustand ich mich befinde. Sie spiegeln mich meist schon unbewusst, was überhaupt nicht förderlich wäre, wenn ich eine „schlechte Stimmung" mitbrächte. Ich schaue einzelne Schüler kurz an. Zuweilen verharrt mein Blick auch auf einer Gruppe. Ich spreche nicht. Das alles dauert vielleicht 30 bis 40 Sekunden. Dann wird es ruhig in der Klasse. Die Aufmerksamkeit der Schüler wendet sich mir zu. In meiner eigenen Klasse folgt danach eine fröhliche Begrüßung und ganz oft die Klärung von ein oder zwei Fragen oder die Erteilung eines Auftrages. Danach setzen sich die Schüler und wir beginnen mit dem eigentlichen Unterricht. Es ist ein wunderbar entspannter Einstieg, der auf zwei Bedingungen beruht: Erstens haben wir das zu Beginn des Schuljahres genau so einge-übt und dann konsequent weiter durchgeführt. Zweitens stehe ich auf einem – oder besser unter einem – Platzanker. Dabei handelt es sich um einen großen, deutlich sichtbaren grünen Pfeil aus Karton, der an der Decke hängt und auf dem sich ein freundlich lächelnder Smiley und die Buchstaben „U", „A" und „P" als Abkürzung für „Unterrichts- und Aufmerksamkeitsplatz" (auf der Rück-seite auch ausgeschrieben) befindet. Diese Art, einen Platzanker zu definieren, hat sich für mich besser bewährt als ein Kreuz oder ein anderes Zeichen auf dem Boden, denn alle Schüler können genau sehen, wo ich stehe. Sie kennen die Bedeutung dieses Platzes. Der Vorgang bedarf keiner weiteren Erklärung, keiner Worte und schon gar nicht eines Versuches, die allgemeine Unruhe oder Lautstärke zu übertreffen. Die Schüler „pacen" mich (was im NLP so viel wie „nachmachen" bedeutet) bis hin zu Arm- oder Kopfbewegungen oder Ge-sichtsausdrücken. Mir sind keine Worte bekannt, mit denen ich einen vergleich-baren Erfolg erzielen könnte.

Auch während des Unterrichts nehme ich diesen Platz ein, sofern es die Situati-on erfordert. Manchmal nehme ich dann noch eine grüne Karte zu Hilfe. Das bedeutet verstärkte Aufmerksamkeit, Zuwendung, Ruhe (Stille). Die Schüler reagieren darauf auch nicht mehr mit lauten Rufen, mit denen sie früher ihre Nachbarn zur Ruhe bringen wollten. Falls mich jemand nicht gleich wahr-nimmt, tippt ihm der Nachbar einfach auf den Arm oder die Schulter und deu-tet nach vorne. Nur wenige Sekunden später herrscht Stille und Aufmerksam-keit. Das stelle ich mir unter nonverbalem Klassenraummanagement vor – und es funktioniert besser als alles, was ich vorher ausprobiert habe. Kein unnötiges Wort wird dabei verschwendet. Es schont die Stimme und es schont die Nerven.

Anmerkung zum Begrüßungsritual: Der einschläfernde „Begrüßungs-Sing-Sang", den die Schüler aus der Grundschule mitgebracht haben, wurde in der ersten Stunde abgeschafft. Wir beginnen akzentuiert, fröhlich, stimmungsvoll.

Ankertechniken

Ankern ist eine spezifische Technik im NLP. Dahinter verbirgt sich allerdings nichts anderes als das bekannte Reiz-Reaktions-Schema. Ein bestimmter Zu-stand wird mit einem Auslöser verbunden. Dadurch wird dieser Zustand gezielt abrufbar und nutzbar. Ein Anker kann eine Geste, eine Haltung, eine Position im Raum, ein Geräusch, ein Wort, eine Berührung etc. sein. Unbewusst beglei-ten solche Anker uns ständig durch unser Dasein: Wir hören, sehen, riechen etwas und – erinnern uns. Die Erinnerung wiederum bewirkt, dass sich etwas an unserem Zustand ändert. Verdienst des NLP ist es auch hier, etwas bewusst einzusetzen, um einen Ablauf nicht dem Zufall zu überlassen, um einen Konflikt zu lösen, um einen Menschen in einen ressourcevollen Zustand zu versetzen (auch sich selbst!) etc. Voraussetzung ist ein guter Rapport und ein klares Ziel. Die Idee für den Einsatz und die Benutzung von Raum- oder Platzankern stammt ursprünglich von Michael Grinder[3].

Erklärungen

1. Die Ankerplätze 1 bis 3 haben unterschiedliche Bedeutung

   ✗ 1 ist der Unterrichts- und Aufmerksamkeitsplatz

   ✗ 2 ist der Disziplinierungsplatz

   ✗ 3 ist der Geschichtenplatz

2. Die Ankerplätze sind gekennzeichnet durch farbige Pfeile aus Karton (ca. 20 x 10 cm), die von der Decke hängen, sodass jeder Schüler genau erkennen kann, wo ich mich gerade befinde.

3. Die Bedeutung eines jeden Platzes (und die Konsequenzen, die mit diesen Plätzen verbunden sind) muss den Schülern ganz klar sein, daher übe ich das Einnehmen eines Platzes und mein Verhalten sowie die erwartete Reaktion der Schüler zunächst zu Beginn des Schuljahres mit der Klasse zusammen ein.

4. Den Disziplinierungsplatz benötige ich im Verlauf des Schuljahres kaum noch. Die konsequente Benutzung dieses Platzes und die damit verbunde-nen Folgen in den ersten Tagen und Wochen zeigt nachhaltige Wirkung. Ich habe vor Schuljahresbeginn die Platzanker eingerichtet und dabei selber einige Zeit aufgewendet, um Bewegungsabläufe, meine innere Haltung und meine Physiologie angemessen zu trainieren. Auf dem Weg zum Disziplinie-rungsanker achte ich u. a. auf meine Atmung, dissoziiere mich (um Gefühle außen vor zu lassen) und entscheide mich für die zu ergreifende Maßnahme (dafür habe ich mir einen Maßnahmenkatalog zusammengestellt).

5. Am Platzanker angekommen, teile ich dem betreffenden Schüler bzw. der betreffenden Schülerin (was wesentlich seltener vorkommt) in zwei, drei Sätzen den Regelverstoß und die Maßnahme mit. Es gibt keine Diskussio-nen! Voraus geht immer eine Ermahnung durch eine gelbe Karte (vorher kann es noch eine grüne Karte geben, die sich an die gesamte Klasse wen-det – allgemein für „Still oder ruhig sein"), das genügt meist. Das Wichtigste: Ich muss vorleben, was ich von den Schülern erwarte – also auch ruhig sein, aufmerksam etc. (siehe auch Artikel „Disziplinierung" in diesem Buch).

---

[3] Siehe auch: Grinder, Michael: „Die ENVoY-Methode". In: Ohne viele Worte, VAK-Verlag, 1995.

Der Platz für die Auszeit ist eine Alternative. Hierhin geht ein Schüler nach dem Auszählen. Die 1-2-3-Methode ist ebenfalls ein nonverbales Arrangement, bei dem ich lediglich mit ausgestreckten Fingern in Richtung des Schülers die Zahlen eins, zwei und drei anzeige. Bei der Zahl drei begibt sich der Schüler ohne weitere Diskussion in die Auszeit. Diese Maßnahme dient der Besinnung oder Beruhigung.

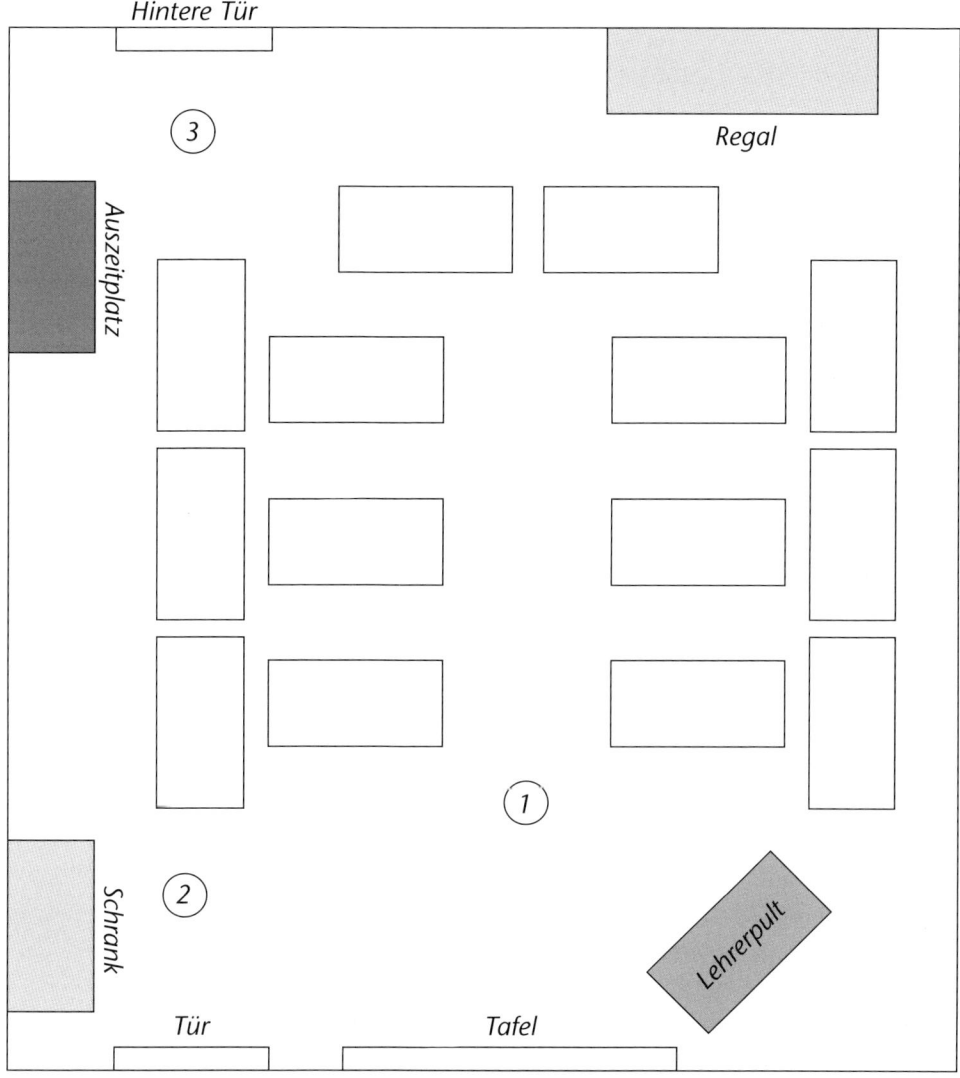

Andere Sitzordnungen sind natürlich denkbar und möglich – je nach Unterrichtssituation sogar besser geeignet. Die Platzanker sollten aber nicht „wandern".

◼ Aktives Zuhören mit dem Redeball

Regina Maria Bach

Anwendungsbereich: Ritual und Kommunikation
Lernziel: innere Haltung/wertschätzender Umgang in der Gruppe
Zielgruppe: alle Altersgruppen
Zeitaufwand: 3 Minuten
Material: Koosh-Ball

 ## Innere Haltung

Respektvoller und wertschätzender Umgang im Miteinander ist für mich abhängig von der Art der Kommunikation. Aufmerksames Hinhören und das Gehörte nochmals wiederholen, um zu wissen, ob das Gesagte auch richtig verstanden wurde, ist Grundlage für eine gute Arbeitsatmosphäre und einen „beziehungsweisen Umgang" miteinander.

 ## Vorgehen

In der Klasse eine aufmerksame Gesprächsatmosphäre einüben mit Redeball und „aktivem Zuhören".

Drei Regeln zur aufmerksamen Gesprächsatmosphäre werden eingeführt:

Drei Regeln für eine aufmerksame Gesprächsatmsphäre

1. Wer etwas sagen will, meldet sich. Die vorher gewählte Person schreibt die Reihenfolge der Wortmeldungen auf.

2. Nur wer den „Redeball" hat, darf sprechen.

3. Wer den Redeball bekommt, wiederholt die Aussagen des Vorredners.

Die Zauberformel heißt:
„Du hast gerade gesagt und ich meine ....“
„Wenn ich dich richtig verstanden habe, meinst du ... und ich meine, ...“
„Habe ich das richtig gehört – du meinst ... und meine Meinung ist ....“
(Eine der Zauberformeln so oder ähnlich auswählen)

An einem Thema das aktive Zuhören üben und durchgängig die Regel einhalten.
Auch die Lehrperson hält sich an diese Regel, nach dem Motto: „Mit gutem
Beispiel vorangehen.“ Es braucht dabei etwas Geduld seitens des Lehrenden
und des Lernenden.

Eine Diskussion wird durch diese Methode langsamer.
Die Aufmerksamkeit für das Thema und die Lernenden wächst. Ein respekt-
volles Miteinander wird möglich. Die Arbeitsatmosphäre wird intensiviert.
Nach einer gewissen Zeit kann eine Reflexionsphase über das aktive Zuhören
stattfinden und die positiven Veränderungen bewusst gemacht werden.

3

Tagesgeschäft

■ Einführung

Herbert Just und Rolf-Dieter Aff

In der Lehrerausbildung lernt man: Jede Stunde hat einem **bestimmten Ablaufplan** zu folgen, z. B. Einstieg (2–10 Min.), Erarbeitung (10–15 Min.), Zusammenfassung (ca. 5 Min.), Vertiefung (10–15 Min.), Zusammenfassung (ca. 5 Min.). Phasenwechsel sollen vorkommen, wodurch sich die Notwendigkeit von Überleitungen ergibt. Und immer wieder heißt es: Aufmerksamkeit gewinnen. Die Planung orientiert sich weitgehend an den Stoffinhalten.

Leider kann sich während einer realen Stunde ein recht dynamisches Drehbuch entfalten, das in der Regel von der ursprünglichen Planung stark abweicht. Was nun? Was in solchen Situationen wenig nützt, ist die Durchsetzung der eigenen Vorstellungen und das Festhalten an der eigentlichen Stundenplanung. Die Schüler schalten dann einfach ab oder werden unruhig. Versucht man es mit Druck, erzeugt man Widerstand – stillen oder offenen. Droht man mit Noten, erzeugt man Angst/Stress oder Gleichgültigkeit. Ein „Werkzeugkoffer" mit einer **Vielfalt von unterschiedlichen Methoden** hilft dabei, auf die entstehenden Situationen viel flexibler und offener zu reagieren, Übergänge zu kreieren und Aufmerksamkeit wiederzugewinnen. Die Artikel in diesem Kapitel unterliegen der (groben) Orientierung, die sich ergibt, wenn man überlegt, zu welchem Zeitpunkt innerhalb einer Unterrichtsstunde die jeweiligen Techniken oder Methoden am sinnvollsten eingesetzt werden können. Damit ist der Zeitpunkt der Anwendung allerdings nicht in Stein gemeißelt.

Das Kapitel beginnt mit **Bewegungs- oder Konzentrationsübungen**, die dazu dienen, innere Zustände zu verändern oder die Aufmerksamkeit auf den eigentlichen Inhalt der Stunde zu lenken. Aufmerksamkeit ist recht eigenwillig. Sie geht, wenn sie sich langweilt, ihre eigenen Wege und ist, schwupps, wieder da, wenn es interessant wird. Merke: „Die Energie folgt der Aufmerksamkeit!"[4] –

---

[4] Havener, Thorsten: Denken Sie nicht an einen blauen Elefanten!, rororo, 2010, S. 17ff.

Energie, die wir zum Lernen benötigen. Der Nutzen solcher „**Einstiegsübungen**" lässt sich dann zur Gänze ausschöpfen, wenn sie ritualisiert werden. Auch hier gilt: Üben, üben, üben! Einstiegsübungen dienen dazu, die Aufmerksamkeit zu locken und zu binden. Je häufiger man diese verwendet, desto leichter fällt es den Schülern, Aufmerksamkeit aufzubauen.

Wiederholungen sind wichtig für das Langzeitgedächtnis. Aber sture Wiederholungen langweilen. Verbindet man eine Wiederholung mit einer Notenbildung, was vorkommen soll, dann ängstigt dies und sorgt für schnelles Vergessen. Da ist es nützlich, einmal anders an „die Sache" heranzugehen. Hilfreich sind dabei (ebenso wie beim Erlernen und Festigen neuer Inhalte) **Erzählformen** (Geschichten, Metaphern, Gleichnisse …), die gar nicht erst an die althergebrachte Wissensabfrage erinnern. Das kann die eine oder andere Blockade direkt verhindern. In den weiteren Artikeln dieses Kapitels geht es darum, Methoden der **Imagination**, der **Assoziation** und der damit **verbundenen Vernetzung von Wissen** zu nutzen.

Fehler sind die besten Lehrer. Die meisten Lehrer schätzen aber diese Kollegen nicht. Lässt man Fehler zu und nutzt sie kreativ, dann spornen sie die Schüler an. Einige Tipps zur **Fehlerfreundlichkeit**, aber auch zur **Disziplinierung**, findet man ebenfalls in diesem Kapitel. Die Kenntnis verschiedener Techniken und Maßnahmen zur Disziplinierung kann so manche Stunde „retten", die sonst vielleicht zur Hälfte mit Diskussionen, Störungen und Streit vergeudet würde. Ein wenig **Feedback** gegen Ende einer Stunde macht immer Sinn.

Kommen wir also zum „Tagesgeschäft".

Drei mal drei mal dreißig Sekunden

Rolf-Dieter Aff

Anwendungsbereich:	Bewegungsübungen
Lernziel:	Änderung innerer Zustände
Zielgruppe:	ab 5. Schuljahr
Zeitaufwand:	5 Minuten
Material:	geschnittene Musikstücke, Poster oder Active-Board für Beschreibung des Ablaufes

 Innere Haltung

Über den äußeren Zustand (Bewegung, Physiologie, Gestik …) lassen sich innere Zustände generieren oder verändern. Wenn man dabei auch noch Spaß hat (was bei den Schülern schnell der Fall ist, wenn einmal etwas anderes passiert), geht es umso leichter. **Körper und Geist** bilden eine Einheit. Interne Prozesse lassen sich an externen (physiologischen) Reaktionen erkennen. Umgekehrt gilt auch, dass äußere Dispositionen innere Zustände bewirken. „Schlechte" innere Zustände entstehen oft unbewusst, was gleichbedeutend ist mit der Tatsache, dass man ihnen mehr oder weniger hilflos gegenübersteht. Durch die unten beschriebene einfache Übung kann man sowohl für die Gruppe als auch bei Einzelnen auf spielerische Weise leicht Veränderungen erzielen.

Vorgehen

Es kommt auch schon einmal vor, dass eine Stunde gar nicht so an-läuft wie geplant, nicht aus den „Startlöchern" kommt, weil die Schüler (oder sehr viele Schüler der Klasse) – nach dem Wochenende, nach der Sportstunde, nach einer Klassenarbeit oder einem besonderen Ereignis – in einem Zustand sind, der ein erfolgreiches Mitarbeiten nahezu unmöglich macht. Dann nutzt es nichts, laut zu werden oder Disziplinierungsmaßnahmen zu ergreifen, und es nutzt auch nichts, die Schüler mit Arbeitsaufträgen bei der Stange halten zu wollen. Es ist der innere Zustand dieser Schüler, der einem sinnvollen Unterricht oder gar einem erfolgreichen Lernakt im Wege steht. Dann veranlasse ich ein „Break"!
„Bitte alle mal aufstehen, alle Stifte hinlegen und zur Tafel schauen!" (Anmerkung: Früher hatte ich für diesen Fall ein Plakat, das schnell aufgehängt werden konnte, und einen CD-Player. Heute besitzen wir in allen Klassen ein Active-Board. Dort ist bereits alles gespeichert, was ich benötige).

„Schaut euch bitte an, was auf dem Plakat (der Tafel) steht. Während die Musik spielt, folgt ihr bitte den drei verschiedenen Anweisungen – jeweils dreißig Sekunden lang, entsprechend der jeweiligen Musik, die dazu läuft. Auf geht's!"

Beim ersten Mal, z. B. während der Methodentage oder in einer Klassenlehrer-Stunde zu Beginn des Schuljahres, muss ich selbstverständlich umfangreichere Erklärungen abgeben. Spätestens beim dritten Mal wissen die Schüler, was zu tun ist, und sie haben Spaß dabei. Und ohne dass es ihnen bewusst wird, ändert sich ihr innerer Zustand, während sie den Anweisungen auf dem Plakat folgen (s. u.). Die Musik habe ich mir selbst zusammengestellt und entsprechend geschnitten. Hier wird vermutlich jeder andere Ideen haben. Wichtig ist lediglich: Das erste Stück sollte eher schnell und mit einem guten „Beat" ausgestattet sein. An zweiter Stelle bietet sich etwas Klassisches an, eher ruhig und entspannend. Zum Abschluss folgt ein Musiktitel mit „Aufforderungscharakter", etwas Stimmungsvolles, Fröhliches. Die dazu passenden Bewegungen ergeben sich von alleine, wenn die ersten Hemmungen gefallen sind.

3 mal 3 mal 30 Sekunden
(Technik zur Veränderung von inneren Zuständen)

1. Abreagieren

✗ explodieren, heftige Bewegungen, „aus der Haut fahren", „Becker-Faust", Faust in hohle Hand schlagen …

✗ Worte: „Mann-oh-Mann!", „Hey!", „Komm schon!" …

✗ in der Gruppe gegenseitig <u>nicht berühren</u>

2. Zentrieren

✗ zur Ruhe kommen, Energie sammeln

✗ still stehen

✗ nach innen gehen, bewusst ruhig und gleichmäßig (in den Bauch hinein) atmen …

3. Visualisieren

✗ sich eine bestimmte, angenehme, positive Situation vorstellen

✗ sich selbst dort wahrnehmen, hineingehen in die Stimmung, nachspüren, träumen …

✗ sich „auf den Weg machen"

Konzentration – Ritual zu Beginn einer Unterrichtsstunde

Maria Hublitz

Anwendungsbereich:	Beginn des Unterrichts
Lernziel:	Konzentration zu Beginn einer Unterrichtsstunde
Zielgruppe:	Schüler, Studenten, Erwachsene, keine Einschränkungen
Zeitaufwand:	3–5 Minuten
Material:	Geschichten, Metaphern (Es gibt inzwischen viele Bücher, in denen man entsprechende Geschichten finden kann, aber auch im Internet, z. B. unter www.zeitzuleben.de.)

 ## Innere Haltung

Ich suche mir die Themen zur aktuellen Stimmung oder einer bestimmten Situation in der Klasse aus, z. B. Motivation, Ziele, Durchhalten, Gerüchte etc. Im Anschluss gibt es immer eine kurze Reflexion, was die Geschichte für den Einzelnen bedeutet. Geschichten als therapeutische Metaphern enthalten auf der einen Seite indirekte Suggestionen, auf der anderen Seite wirken sie selbst als indirekte Suggestionen. Sie sind Vorschlag und Einladung, der Botschaft oder Lehre der Geschichte zu folgen. Damit erhalten die Schüler die Gelegenheit, ihr eigenes Verhalten zu reflektieren.

 ## Vorgehen

Ich unterrichte überwiegend in der 12. und 13. Jahrgangstufe und habe die großartige Wirkung der Arbeit mit Metaphern schon vor Jahren entdeckt. Ich liebe Geschichten und meine Schüler inzwischen auch. Sehr oft kommt die Frage: *„Haben Sie heute keine Geschichte für uns?"* oder *„Wir brauchen unbedingt erst eine Geschichte!"*
Es passiert mir häufig, dass Schüler, die ich im Vorjahr unterrichtet habe, auf mich zukommen und sagen, dass ihnen die Geschichten so fehlen. Mein Fundus ist inzwischen so groß, dass ich jederzeit eine Geschichte hervorzaubern kann.
Ich beginne erst mit dem Vorlesen, wenn alle Schüler sich konzentrieren und alle „Nebentätigkeiten" eingestellt haben. Hier stelle ich zwei meiner Lieblings-

geschichten vor. Die erste Geschichte erzähle ich nach der ersten schriftlichen Leistungserhebung. Manche Schüler erkennen sehr schnell, dass sie sich vielleicht doch besser vorbereiten hätten sollen.

Der Mann auf der Insel

„Es war einmal ein Mann, der lebte auf einer Insel. Eines Tages merkte er, dass die Insel zu zittern begann.
‚Sollte ich vielleicht etwas tun?', dachte er.
Aber dann beschloss er, abzuwarten.
Wenig später fiel ein Stück seiner Insel ins Meer.
Der Mann war beunruhigt.
‚Sollte ich vielleicht etwas tun?', dachte er.
Aber als die Insel zu zittern aufhörte, beschloss er, abzuwarten. ‚Bis jetzt', sagte er sich, ‚ist ja auch alles gut gegangen.'
Es dauerte nicht lange, da versank die ganze Insel im Meer und mit ihr der Mann, der sie bewohnt hatte.
‚Vielleicht hätte ich doch etwas tun sollen', war sein letzter Gedanke, bevor er ertrank."
(Quelle: Franz Hohler: Das große Buch. Hanser Verlag, München, 2009.)

Die zweite Geschichte, eine Motivationsgeschichte, kommt zum Einsatz, wenn die Schüler nach den ersten Misserfolgen oft sehr niedergeschlagen sind.

Die Frösche im Milchtopf

„Auf dem Bauernhof stand ein Eimer. Zwei Frösche kamen vorbei und waren neugierig, was da wohl im Eimer sei. Also sprangen sie mit einem großen Satz in den Eimer. Es stellte sich heraus, dass das keine so gute Idee gewesen war, denn der Eimer war halb gefüllt mit Milch. Da schwammen die Frösche nun in der Milch, konnten aber nicht mehr aus dem Eimer springen, da die Wände zu hoch und zu glatt waren. Der Tod war ihnen sicher.
Der eine der beiden Frösche war verzweifelt. ‚Wir müssen sterben', jammerte er. ‚Hier kommen wir nie wieder heraus.' Und er hörte mit dem Schwimmen auf, da alles ja doch keinen Sinn mehr hatte.
Der Frosch ertrank in der Milch.
Der andere Frosch aber sagte sich: ‚Ich gebe zu, die Sache sieht nicht gut aus. Aber aufgeben tue ich deshalb noch lange nicht. Ich bin ein guter Schwimmer! Ich schwimme, so lange ich kann.'

Und so stieß der Frosch kräftig mit seinen Hinterbeinen und schwamm im Eimer her-
um – immer weiter. Er schwamm und schwamm und schwamm. Und wenn er müde
wurde, munterte er sich selbst immer wieder auf. Tapfer schwamm er immer weiter.
Und irgendwann spürte er an seinen Füßen eine feste Masse. Ja tatsächlich – da war
keine Milch mehr unter ihm, sondern eine feste Masse. Durch das Treten hatte er die
Milch zu Butter geschlagen! Nun konnte er aus dem Eimer in die Freiheit springen."
(Quelle: frei nach Äsop)

■ Stafette zur Auffrischung

Herbert Just

Anwendungsbereich: Wiederholungen

Lernziel: gemeinsame Wiederholung des Stoffs am Anfang einer Unterrichtsstunde

Zielgruppe: Schüler, Studenten, Erwachsene, keine Einschränkungen

Zeitaufwand: 5 – 10 Minuten

Material: Tennisball

Innere Haltung

Gelassenheit

 Vorgehen

Man erläutert den Schülern die Grundregel der Wiederholung.
Der Fragesteller stellt eine Frage in den Raum, die sich auf die letzte Unterrichtsstunde bezieht. Fragesteller kann der Lehrer oder auch ein Schüler sein. Dieser wirft einem Schüler einen Tennisball zu und dieser beginnt mit der Beantwortung. Fällt ihm nichts (mehr) ein, kann er den Ball weiterwerfen. Dies geschieht so lange, bis die Frage vollständig beantwortet ist. Die Entscheidung darüber trifft der Fragesteller.

Man kann das variieren, indem man sich eine Zahl geben lässt und die Schüler durchzählt. Der erste Schüler wiederholt, bis er nicht mehr weiter weiß, und sagt eine Zahl. Man zählt weiter durch zum zweiten Schüler, der setzt die Beantwortung fort etc.

■ Wissenszipfel

Herbert Just

Anwendungsbereich:	Bewegungsübungen
Lernziel:	Vorbereitung auf Tests
Zielgruppe:	Schüler jeder Altersstufe
Zeitaufwand:	15 Minuten
Material:	keine

 ## Innere Haltung

Geduld und Interesse, Fehlerfreundlichkeit

 ## Vorgehen

Kennen Sie das? Sie wiederholen den Stoff der letzten Stunde und haben das komische Gefühl, dass die Schüler wohl nicht anwesend waren oder aber in einem anderen Unterricht gewesen sein müssen.

Mir ging das so nach einer Unterrichtseinheit zum Thema „Rechts- und Geschäftsfähigkeit". Anhand von etlichen Beispielen, etwa einer 6-Jährigen, die sich ein Eis kauft oder dem 16-Jährigen, der sich einen Klingelton aus dem Internet herunterlädt, habe ich das Thema verdeutlicht.

In der folgenden Stunde hatte ich bei den Schülern den Eindruck eines kollektiven Gedächtnisverlustes.

Vielleicht aus Mitleid oder um dem Schweigen ein Ende zu setzen, half mir eine Schülerin weiter.

Sie bat mich, ihr etwas Zeit zu lassen, sie müsse jetzt nachdenken. Dann erinnerte sie sich Stückchen für Stückchen an den Stoff der letzten Stunde.

Das hörte sich etwa so an:

Schülerin: „Das war doch das Beispiel mit dem Eis und dem Kind ..."
Lehrer: „Mhm – und?"
Schülerin: „Die durfte doch eigentlich kein Eis kaufen ..."
Lehrer: „Nicht?"
Schülerin: „Nein, die war halt nicht – ach, ich weiß es nicht, wie man dazu sagt, keine Ahnung ..."
Lehrer: „Denk nochmal nach, was war die nicht?"

Schülerin: „Die war nicht, noch nicht – 7 Jahre."
Lehrer: „Und?"
Schülerin: „War das nicht so: Mit 7 Jahren kann man nur kleine Geschäfte abschließen, mit 18 Jahren richtige Geschäfte?"

Sicher kennen sie solche Situationen. Ich persönlich habe für mich etwas Wesentliches erfahren: Lass den Schülern Zeit und nimm den Druck heraus, dann kommen auch die Erinnerungen.

Meist sind die ersten auftauchenden Assoziationen eher sprung- und lücken- haft, am Ende des Nachdenkprozesses sind meist jedoch alle wesentlichen Teile erinnert.

In den vergangenen Jahren habe ich damit immer wieder experimentiert. Ich bit- te anfangs die Schüler, zu sagen, was sie von der letzten Unterrichtsstunde noch wissen. Der erste Erinnerungsfetzen beinhaltet fast immer ein bisschen Wissen. Ich nenne es „Wissenszipfel". Geht man fragend auf einen „Wissenszipfel" ein, dann tauchen immer weitere Assoziationen auf und es entsteht mehr und mehr ein vollständiges Gesamtbild. Dies ist nicht notwendigerweise fehlerfrei.

Natürlich gibt es immer wieder Hürden. Sätze wie „Das weiß ich nicht", „Das kann ich nicht" zeigen Widerstände und Denkblockaden auf. Diese sollte man aushalten. Nach einiger Zeit zeigen sich in aller Regel weitere Inhalte, dann wieder weitere Widerstände.

Beispiel Lagerkosten:
Lehrer: „Welche Lagerkosten kennst du?"
Schüler: „Weiß ich nicht. – Kann ich jetzt wieder auf meinen Platz?"
Lehrer: „Nein, wir sind ja noch nicht fertig."
Schüler: „Ich weiß es aber wirklich nicht!"
Lehrer: „Dann rate doch mal, es muss ja nicht sofort stimmen. Was könnte es denn sein?"
Schüler: „Was weiß denn ich …"
Lehrer: (wartet)
Schüler: „Miete?"
Lehrer: „Gut, was noch?"
Schüler: „Strom, Gabelstapler."
Lehrer: „Ok!"
Schüler: „Löhne, Heizung, Wasser …"

An obigen Beispielen lässt sich gut erkennen, wie unser Gehirn arbeitet, wenn kein Stress und kein Zeitdruck besteht. Beim Einspeichern von neuem Wissen versuchen wir, neue mit alten Gedächtnisinhalten zu verknüpfen.

Das fällt leichter bei konkreten, bekannten und ähnlichen Inhalten und wird schwieriger bei abstrakten Dingen. So ist z. B. die Vorstellung einer 6-Jährigen, die unbedingt ein Eis haben will, unseren Erfahrungen sehr viel näher als der Begriff der Geschäftsfähigkeit.

Emotionen, etwa die Stimmung im Klassenzimmer oder die emotionale Färbung der Inhalte, wirken sich verstärkend darauf aus, wie gut die Daten gespeichert werden. Angst und Stress führen zu Denkblockaden, Gefühle wie Sicherheit und Begeisterung bewirken das Gegenteil.

Nehmen wir unser Beispiel: Angenommen, man packt den Begriff der „Geschäftsfähigkeit" in eine Geschichte: „*Malt euch aus, wie toll so ein Eis – ein Schokoladeneis – aussieht und schmeckt.*" Dann kommt man zu der Frage, ob das Kind ein Eis überhaupt schon kaufen kann, und alles ist im Gedächtnis bereit dafür, den Begriff „Geschäftsfähigkeit" aufzunehmen. Der Begriff dockt leicht an, es werden neue Gedächtnisspuren mit alten, robusten Spuren verwoben.

Es gibt Berichte darüber, dass die Ureinwohner Amerikas bei der Begegnung mit Kolumbus nicht in der Lage waren, dessen Fregatten überhaupt wahrzunehmen, obwohl diese Schiffe für uns nicht zu übersehen gewesen wären. Dem Häuptling fiel aber auf, dass der Wellengang etwas anders als normalerweise war. So erschloss er sich nach und nach eine andere Sichtweise, und erst sehr viel später war er in der Lage, die Fregatten zu sehen.

Wie ist das zu erklären? Sehr einfach. Im alten Alltag gab es für die Indianer keine Schiffe in dieser Größe, also auch keine Vorstellungen von solch einem Schiff. Diese Art von „Schiff" hatte keine Möglichkeit, an bestehende Gedächtnisinhalte anzudocken. Die Folge war, dass die Schiffe für die Indianer einfach unsichtbar waren. Erst ein mühsames, wiederholtes Betrachten war notwendig, um das – für uns – Offensichtliche zu sehen.

Jede Wiederholung verstärkt im Langzeitgedächtnis die Verbindung zwischen den Gedächtnisinhalten und erhöht die Wahrscheinlichkeit, dass ein Begriff, z. B. Schokoladeneis, Assoziationen zu dem Begriff „Geschäftsfähigkeit" weckt. Bedenkt man, dass gleichzeitig zum Unterricht weitere Einflüsse bestehen, etwa eine Rangelei mit dem Nachbarn, eine bevorstehende Schulaufgabe, ein „Magst-du-mit-mir-gehen"-Zettel, dann kann man eine vage Idee davon bekommen, was da alles noch an unsere Geschäftsfähigkeit andockt.

Der Gedanke, dass alles so ankommt, wie wir uns das so bei der Unterrichtsplanung vorgestellt haben, ist eine Illusion. Wir wissen letztendlich nie, was bei wem wie „ankommt" und wie die verschiedenen Eindrücke im Gedächtnis gespeichert werden.

Lässt man bei Abfragen, also dem Abrufen von Gedächtnisinhalten, den Assoziationsketten freien Raum, ohne sie zu unterbrechen und zu korrigieren, können diese sich entfalten und ein „Wissenszipfel" zieht andere „Wissenszipfel" nach sich. Man kann dem Denken regelrecht zuschauen.

Unterbricht man den Assoziationsfluss des Schülers durch eine Verbesserung oder Bewertung, signalisieren wir einen Fehler – Fehler von uns, denn dann können wir nicht mehr erkennen, wie unser Schüler denkt und wo er zu anderen Ergebnissen kommt als wir.

Korrigieren lässt sich das leicht. Verwechselt z. B. ein Schüler die Begriffe Rechts- und Geschäftsfähigkeit, ist es günstig, den Fehler nicht zu erwähnen. Günstiger ist es, die Begriffe richtig zu wiederholen, indem man die Begriffe rechtsfähig und geschäftsfähig stark betont.

Beispiel:
*Lehrer: „**Rechtsfähig** ist jeder, von Geburt an. Aber **voll geschäftsfähig** wird man erst, wenn man 18 Jahre alt ist, dann kann man alle Arten von **Geschäften** abschließen – etwa eine Eisdiele kaufen. Mit 7 Jahren kann man das noch nicht, da kann man nur **kleine Geschäfte** abschließen – etwas ein Eis kaufen – man nennt das **beschränkte Geschäftsfähigkeit**."*

■ Geschichten

Herbert Just

Anwendungsbereich:	Storytelling
Lernziel:	Üben von Imaginationen
Zielgruppe:	Lernende jeden Alters
Zeitaufwand:	flexibel von 1 – 20 Minuten
Material:	keines

 Innere Haltung

Wertschätzung von Fehlern als Wegweiser auf dem Weg zum Erfolg

⇨ Vorgehen

Menschen in allen Kulturen haben sich über Geschichten und Metaphern sowohl Wissensinhalte als auch Lebensweisheiten und Werte übermittelt.

Gegenüber rein kognitiven Inhalten sprechen Geschichten Emotionen und das Herz an. Durch den emotionalen Gehalt bleiben sie auch viel besser im Gedächtnis haften.

Erzählt man im Unterricht Geschichten und verbindet sie mit Wissensinhalten, kann man mit Leichtigkeit den Stoff „rüberbringen" und die Schüler haben sogar Spaß dabei.

Um ein Beispiel zu geben: Im BWL-Unterricht wird bei den Unternehmensformen der Aufbau einer AG behandelt. Ich habe dabei gerne die Geschichte von Kettensägen-Jim erzählt und gespielt. Die Geschichte ist zwar frei erfunden, nimmt aber Anleihen aus der Wirklichkeit.

„Ein Vorstandvorsitzender (Schüler) sitzt in seinem Büro und telefoniert. Die Tür geht auf und eine Person, die er nicht kennt, kommt ohne anzuklopfen herein. Er legt seine Füße auf den Tisch des Vorstands und stellt sich als Kettensägen-Jim vor. Der Vorstand will ihn sofort hinauswerfen. Jim macht ihm klar, dass er, Jim, jetzt das Sagen und der Vorstand zu parieren habe, sonst wäre er nicht mehr lange Vorstand.

*Danach erläutert Jim dem Vorstand, wie er ihn abservieren kann. Er erzählt, dass er so viele Aktien gekauft hat, dass er jetzt die Mehrheit besitzt. Mit dieser Mehrheit wird er den Aufsichtsrat bestellen und dieser wird den neuen Vorstandsvorsitzenden wählen. Der alte Vorsitzende sitzt ihm gerade gegenüber, der **alte** Vorsitzende, wohlgemerkt."*

Mit der Geschichte kann man ganz nebenbei zentrale Stoffinhalte vermitteln, ohne dass man den Eindruck gewinnt, dass jetzt Unterricht stattfindet.
Die Schüler sind konzentriert, amüsiert, legen den Kopf auf den Tisch und passen auf. Die nachfolgende Erklärung der Organe einer AG wird mit Interesse aufgenommen. Es entstehen viele Fragen, die sich auf die Geschichte beziehen.
In einer Parallelklasse habe ich den Stoff ohne die Geschichte präsentiert.
In einer Abfrage, die in der folgenden Stunde durchgeführt wurde, war die Klasse mit den Geschichten um eine volle Notenstufe besser.

Über die artgerechte Haltung von Akronymen

Rolf-Dieter Aff

Anwendungsbereich: Vernetzen von Wissen

Lernziel: Assoziatives Lernen verknüpft bekanntes mit neuem Wissen

Zielgruppe: je nach Thema für alle Altersgruppen

Zeitaufwand: ein paar Minuten Nachdenken in der Vorbereitungsphase, fließt danach in den Unterricht ein

Material: eventuell vorbereitete Plakate (Mindmaps etc.)

Innere Haltung

Das menschliche Gehirn ist ein ausgezeichneter Regelextraktor. Es erkennt Bedeutungen, auch wenn sie verborgen oder verschleiert sind (siehe Beispiele aus Untersuchungen zur Texterkennung: Wir lesen und verstehen Texte, bei denen alle Worte falsch geschrieben sind – mit Ausnahme des jeweils ersten und letzten Buchstabens). Neues Wissen wird leichter behalten, wenn es in einen Zusammenhang oder eine Struktur verpackt wird.

Vorgehen

Akronyme können im Unterricht ähnlich verwendet werden wie Merksätze. Schnell lernen Gitarrenschüler die Namen der Saiten über den Satz „**E**in **A**nfänger **d**er **G**itarre **h**at **E**ifer" oder „**E**ine **a**lte **d**umme **G**ans **h**at **E**ier". Ähnlich verhält es sich mit den Namen der neun Planeten unseres Sonnensystems (leider gibt es ja jetzt nur noch acht Planeten, die als solche gelten, aber diese Einschränkung als Information zu ergänzen ist leicht, wenn der Ursprungssatz schon vorhanden ist): „**M**ein **V**ater **e**rklärte **m**ir **j**eden **S**onntag **u**nsre **n**eun **P**laneten". (Merkur, Venus, Erde, Mars, Jupiter, Saturn, Uranus, Neptun, Pluto) In den 1990er-Jahren stieß ich im Physikunterricht Jahr um Jahr auf das Problem, dass meine Schüler sich die Teilgebiete der Physik nicht merken konnten – nicht einmal annähernd. Auf der Suche nach einer Möglichkeit, die Behaltensrate zu verbessern, nahm ich mir die Anfangsbuchstaben dieser Teilgebiete und versuchte, sie so zu kombinieren, dass sie ein einigermaßen sinnvolles Wort (manchmal macht auch Unsinn Sinn ...) ergaben.

Und siehe da, ich stieß auf ein Wort, das gerade zu dieser Zeit einen großen Bekanntheitsgrad hatte: ERMAKOWA! Boris Becker ist auch heute noch eine bekannte Größe, allerdings nicht zu vergleichen mit seiner Bedeutung zur damaligen Zeit. Durch ihn kannte man auch den Namen Ermakowa. Und es war ein leichtes, diesen Namen zu verwenden. Wenn die Schüler einmal das Wort kennen, dann ist es gerade so, als würden die einzelnen Buchstaben ihre „synaptischen Fühler" nach den Begriffen ausstrecken, die sich damit verknüpfen lassen:

Elektrizitätslehre
Relativitätstheorie
Mechanik
Akustik
Kernphysik
Optik
Wärmelehre
Atomphysik

Ob diese Einteilung heute noch sinnvoll ist, spielt in diesem Zusammenhang keine Rolle. In der Schulphysik lehren wir auf jeden Fall immer noch, dass es Optik, Akustik, Wärmelehre etc. gibt. Meine Schüler hatten auf jeden Fall Spaß dabei und das Rezitieren der Teilgebiete funktionierte wesentlich besser. Ich verwende gerne immer wieder einmal solche Akronyme im Unterricht. An anderer Stelle in diesem Buch wird das Wort ZWERG (Zusammenhang, das Wichtigste, Erkenntnis, Rettungsanker, das Ganze) in diesem Kontext verwendet. Es schadet nicht, manchmal ein paar Minuten des Nachdenkens aufzuwenden, um einen Merksatz oder eine Eselsbrücke auf ein Wort (je „verrückter" oder auffälliger, desto besser) als (Wort-)Anker zu reduzieren.

Hier ist noch ein weiteres Beispiel, das schon Einzug in den Unterricht gefunden hat:

Das Wort „**SPARZAM**" – genau so (!) – steht für die sieben Weltwunder:
Semiramis – **P**yramiden – **A**rtemistempel – **R**hodos (Koloss) – **Z**eus (Statue) – **A**lexandria (Leuchtturm) – **M**ausoleum (zu Halikarnassos)

Anmerkung: Nach langen Jahren im Schuldienst nutzt sich vieles ab oder ist nicht mehr up to date. Unterrichtsvorbereitung läuft immer nach dem gleichen Schema (wenn überhaupt noch) ab. Um sich selbst wieder einmal mit den Dingen zu beschäftigen, die doch so offensichtlich zu sein scheinen, reicht es manchmal, ein neues Wort ins Spiel zu bringen, damit die Neuronen wieder feuern. Wichtig ist, dass Sie selbst bereit sind, etwas Neues zu schaffen, und dass sie es dann auch überzeugend vermittelt – z. B. in eine kleine Geschichte verpackt. Die Bedeutung von Geschichten ist nicht zu unterschätzen. Akronyme sind besonders gut geeignet, in kürzester Form Geschichten zu erzählen. Im „richtigen" Leben, dort draußen in der Welt, stoßen wir mittlerweile täglich auf Abkürzungen, oft als Akronyme angelegt. Manche sind richtig originell (HAND – Have a nice day), manche grausam (BerEb-Bk = Berufseinstiegsbegleitung Bildungsketten) – fast alle sind einprägsam!

Zum Abschluss noch ein Beispiel, das ich in meinen Seminaren, aber auch bei der Klärung von Unterrichtszielen verwende. Damit Ziele (und Zielformulierungen) ihre eigene Magie entwickeln, sollten sie bestimmte Kriterien erfüllen. Diese fasse ich wie folgt zusammen:

Positive Formulierung
Aktiv erreichbar – In eigener Kontrolle
Konte**X**tbezogen – Wann, wo und mit wem soll es erreicht werden?
Rück-**E**rkenntnis – Tu so, als ob du dein Ziel erreicht hast – wie soll es sich anfühlen?
Ressourcen – Welche Eigenschaften oder Fähigkeiten können dir dabei helfen, dein Ziel zu erreichen?
Größe – Bedenke, dass das/dein Ziel eine angemessene, realistische Größe haben sollte. Das Erreichen von Etappenzielen kann sehr motivierend sein.
Oekologie – Was wird geschehen, wenn du dein Ziel erreichst?

Daraus ergibt sich die Wortkombination „**PAX ERGO**", die sich als äußerst hilfreicher Wortanker in meinem Kopf eingenistet hat und mir immer wieder nützliche Fragen liefert!

■ Visualisierung – Das innere Auge sieht mehr!

Rolf-Dieter Aff

Anwendungsbereich: von Tag zu Tag

Lernziel: Visualisierung in den Bereichen Rechtschreibung, Formeln, Gesetze und Regeln

Zielgruppe: ab dem 5. Schuljahr

Zeitaufwand: je nach Aufgabenstellung (4–6 Minuten) als Alternative zu anderen Methoden

Material: vorbereitete Texte und Aufgaben (übliche Unterrichtsmaterialien)

 Innere Haltung

Visuelles Lernen birgt klare Vorteile gegenüber dem auditiven Lernen. Dehnungen und Dopplungen sind oft nicht zu hören. In der visuellen Darstellung kann man sie sogar durch Hervorhebungen verdeutlichen. Die Methode lässt sich gut mit der Lernkarteiarbeit verbinden.

 Vorgehen

Es ist sehr still im Mathematik-B-Kurs des 6. Schuljahres. Wir haben nach der Begrüßung zu Beginn der Stunde eine kleine, etwa zweiminütige Bewegungsübung gemacht und wenden uns jetzt wieder der Teilbarkeit von natürlichen Zahlen (ohne Rest) zu.

„Wenn ihr wollt, könnt ihr jetzt die Augen schließen oder euch auf eine Fläche an der gegenüberliegenden Wand konzentrieren", lautet meine nächste Anweisung. *„Lasst euren Atem ruhig fließen und stellt euch nun auf eurem inneren Bildschirm oder der gegenüberliegenden Wand die Zahl 12 345 678 vor ..."* – Kurze Pause – *„Das ist die Zahl, die aus den Ziffern 1, 2, 3, 4, 5, 6, 7 und 8 in aufsteigender Reihenfolge besteht. Nun ist es sicher nicht mehr so schwer, sich diese Zahl vorzustellen: 12 345 678 ... Nun nehmt euch nacheinander die einzelnen Ziffern vor und addiert sie: 1 plus 2 ist 3 plus 3 ist 6 plus 4 ist 10 plus 5 ist 15 plus 6 ist 21 plus 7 ist 28 plus 8 ist 36. 36 ist die* **Quersumme** *unserer Zahl. Nun schaut euch auf eurem inneren Bildschirm beide Zahlen an: Oben steht die Zahl 12 345 678 (zwölf Millionen dreihundertfünfundvierzigtausend sechshundertachtundsiebzig), darunter die 36! Was eine Quersumme ist, wisst ihr bereits.*

(Anm.: Eine Quersumme entsteht, wenn man die einzelnen Ziffern einer Zahl addiert.) *Wenn ihr nun die Zahl 36 seht, wird es euch sicher nicht schwer fallen, festzustellen, dass sie durch 3 und durch 9 teilbar ist – und das gilt dann auch für die Ausgangszahl. Auch die anderen* **Teilbarkeitsregeln** *lassen sich leicht anwenden, wenn man die Zahl 12 345 678 so vor dem inneren Auge hat. Man sieht z. B. sofort, dass die Zahl gerade ist (wegen der 8 am Ende) und damit durch 2 teilbar ist."*

So verfahren wir weiter. Mit dieser Technik üben wir nicht nur das Visualisieren an sich, das wir auch bei anderen Gelegenheiten (Fremdwörter, neue Begriffe, Formeln etc.) anwenden, sondern prägen uns Regeln und Verfahrensweisen ein, die durch althergebrachte Verfahren (Abschreiben, Lesen, auditives Lernen etc.) weniger gut behalten werden.

Bereits zu Beginn des Schuljahres finden regelmäßige kleine Übungen statt, bei denen das Visualisieren eingeübt wird. Die dazu notwendigen Fähigkeiten sind recht unterschiedlich ausgeprägt und manche Schüler müssen erst den Glauben daran gewinnen, dass sie überhaupt dazu in der Lage sind. Dazu stellen wir uns zunächst vor, dass wir in einem Kino, vor einem Bildschirm oder einer anderen weißen Fläche sitzen, auf welcher wir dann sehr einfache geometrische Figuren (angefangen mit Punkten und Strecken, weiter mit Rechtecken und Kreisen) visualisieren. Auch eine Hauswand, die durch vielfaches Sehen sehr präsent ist, kann als Projektionsfläche genutzt werden.

So entstehen mit der Zeit auf den inneren Bildschirmen Zahlen, Formeln und Wortbilder, die mit Hilfe persönlich bevorzugter Submodalitäten (Lieblingsfarbe, Struktur, Größe, Kontrast etc.) sicher und dauerhaft eingeprägt und behalten werden.

Visualisierungstechnik

Nicht nur im Umgang mit Zahlen, Zahlenfolgen oder Formeln haben wir in dieser Technik ein unerreicht gutes Hilfsmittel. Gerade auch bei der Arbeit mit Fremdwörtern oder Vokabeln finden wir in der Visualisierung ein starkes Werkzeug. Beim Vorwärts- und Rückwärtsbuchstabieren von selbst erstellten(!) **Wortbildern** erkennt man sehr schnell, welche Schüler gut visualisieren können und welche eher auditiv lernen. Das Ablesen von einem vorhandenen Bild fällt sehr viel leichter und ist sicherer als die Reproduktion eines „nur auditiv" erlernten Begriffs. Das Erlernen von Aussprache und Artikulation wird dabei keinesfalls vernachlässigt, sondern direkt mit der Visualisierungsarbeit verknüpft. Erstens reden wir über das, was wir sehen, und zweitens nehmen wir uns an anderer Stelle Zeit für Erzählung und Geschichten. Dabei werden die inneren Bilder und Erfahrungen nach außen transportiert und kommuniziert![5]

---

[5] Siehe auch: NLP-Rechtschreibstrategie, in: Schick, Klaus H.: NLP und Rechtschreibtherapie. Junfermann Verlag, 2004.

■ Aber das ist doch super!

Maria Hublitz

Anwendungsbereich:	Konflikte, Unruhe im Klassenzimmer
Lernziel:	Die Schüler erkennen, wie ihre eigene Einstellung ihr Verhalten beeinflusst.
Zielgruppe:	Schüler, Studenten, Erwachsene, keine Einschränkungen
Zeitaufwand:	15 Minuten
Material:	keine

 ## Innere Haltung

Es hängt entscheidend von unserer Einstellung ab, wie wir einzelne Situationen bewerten, ob wir etwas positiv oder negativ sehen. Ist das Glas halb voll oder halb leer? Gelangt man aus der Sicht des halb-leeren zur Sicht des halb-vollen Glases, so hat ein Reframing, eine Umdeutung, stattgefunden.

In bestimmten Situationen ist es sehr wichtig, die Ereignisse des Lebens aus einem positiven Blickwinkel zu betrachten und ihnen eine andere Bedeutung zu geben.

 ## Vorgehen

Kennen Sie die Situation? Sie kommen gut gelaunt in eine Klasse, freuen sich auf den Unterricht, aber die Schüler hängen völlig durch und sind schlecht drauf? Folgende kurze Übung hilft in der Regel, die Stimmung im Klassenzimmer zu heben und ein Klima zu schaffen, in dem Lernen möglich ist.

Ich bitte die Schüler, sich zu Paaren zusammenzufinden. Hier ist eine freiwillige Ordnung wichtig, da die Schüler ihrem Gegenüber offen sagen sollen, was sie gerade so bedrückt. Dann bitte ich einen Schüler nach vorne, um mit ihm ein Beispiel zu demonstrieren.

Der Schüler sagt mir, warum es ihm nicht gut geht, was denn gerade schlecht gelaufen ist, z. B.: *„Ich habe heute Morgen verschlafen"*, worauf ich enthusiastisch antworte: *„Aber das ist doch super! Dann bist du endlich einmal ausgeschlafen."* Meistens bringt das schon ein Lächeln in das Gesicht des Schülers und die Stimmung bei den anderen ändert sich ebenfalls.

Daraufhin der Schüler: „*Und ich hatte nicht einmal Zeit zum Frühstücken.*" – Worauf ich begeistert antworte: „*Aber das ist ja super! Du wolltest doch sowie zwei Kilo abnehmen.*"

Nun habe ich die Lacher auf meiner Seite und die Schüler haben die Übung verstanden. Nun können sie als Paar zusammen arbeiten. Sie sollen sich entscheiden, wer A und wer B ist. B fängt dann an mit Jammern, und A übernimmt die Rolle, alles positiv zu formulieren.

Nach fünf Minuten wechseln die Partner auf mein Zeichen und nach weiteren fünf Minuten beende ich die Übung. Die Schüler sind hinterher erfahrungsgemäß sehr entspannt und können nun dem Unterricht folgen.

Wissen vernetzen

Gudrun Heinrichmeyer

Anwendungsbereich:	Wissen vernetzen
Lernziel:	Wissen vernetzen/Zugriff auf Gelerntes durch Erweitern der Assoziationsketten erleichtern
Zielgruppe:	Lehrer und Schüler aller Altersgruppen
Zeitaufwand:	je nach Themenmenge unterschiedlich
Material:	Moderationskarten/Papier und dicke Stifte

 **Innere Haltung**

Vertrauen, dass jeder Mensch seine eigene innere Ordnung hat und diese gewinnbringend einsetzt, wenn ich ihn lasse.

➡ Vorgehen

Kennen Sie das? Sie lesen ein Buch ein zweites Mal und entdecken darin Textstellen, die Ihnen völlig neu vorkommen. Dadurch haben Sie weitreichendere Erkenntnisse als beim ersten Lesen.

Oder Sie überlegen als Lehrer, wenn Sie ein neues Thema einführen, eine Weile hin und her, mit welchem Teilbereich des Themas Sie am besten starten – es ist natürlich für jeden Teilbereich des Themas günstig, bereits die Fakten der anderen Teilbereiche zu kennen. Das alles hat mit dem Vernetzen von Wissen zu tun. Am besten sind Informationen abrufbar, die mit bereits bestehendem Wissen gut vernetzt sind. Wenn schon jede Menge Vorwissen da ist, gibt es viele mögliche Assoziationsketten, um an die entsprechende Information zu gelangen. Je mehr Zugangswege zum Wissen es gibt, umso höher ist die Wahrscheinlichkeit, dass Sie die Information in unterschiedlichen Zusammenhängen abrufen können. Ein guter Weg, Informationen zu vernetzen, ist eine einfache NLP-Strategie, die mit sogenannten Bodenankern arbeitet.

Bodenanker sind Markierungen auf dem Boden, auf die ich mich stelle. An der markierten Stelle tue ich nur genau das, was an dieser Stelle vorgesehen ist. Auf diese Weise nimmt mein Gehirn mittels klassischen Konditionierens (im NLP „Ankern") eine Kopplung zwischen dem markierten Ort und den dort gedachten Gedanken vor. Das hat den Vorteil, dass sich mein Gehirn unbewusst und automatisch auf die Gedankengänge einstellt, die es bei der Kopplung erlernt hat.

Wenn Sie unten beschriebene Übung machen, so kommt das dem mehrfachen Lesen eines Buches nahe, geht jedoch viel schneller. Nutzen Sie die Methode für sich selbst und Ihre Schüler – Sie können damit Lernen und Behalten beschleunigen und die Abrufbarkeit von Wissen verbessern.

Anweisungen für die Schüler

✗ Beschrifte zu jedem Teilthema eines Faches eine Moderationskarte – jeder bestimmt die von ihm gewählten Teilthemen selbst und benutzt dafür auch selbst gewählte Begriffe.

✗ Lege die Karten in Form eines Weges vor dich auf den Boden.

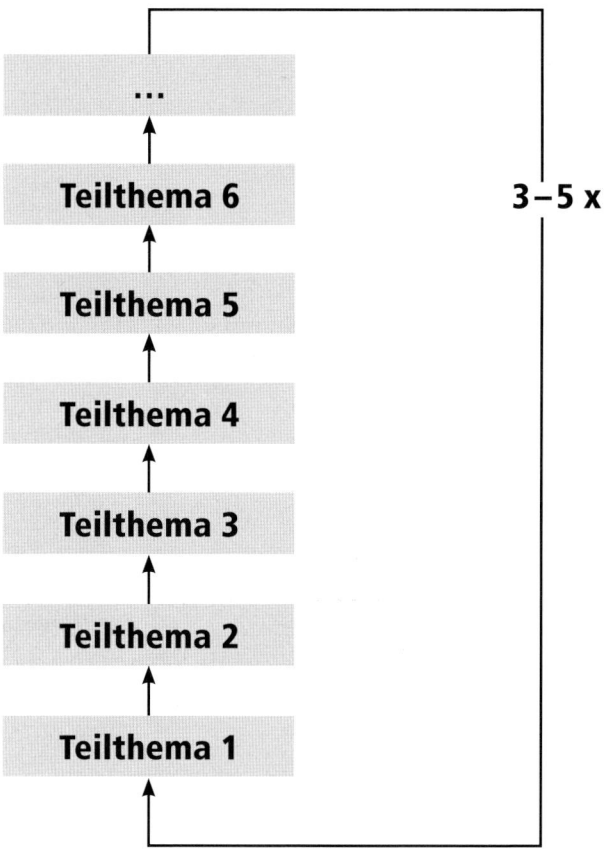

✗ Stelle dich auf die erste Karte und achte darauf, was dir alles zu diesem Thema einfällt.

✗ Bleibe nur so lange auf der Karte stehen, wie die Ideen fließen – der Rest kommt in der nächsten Runde.

✗ Gehe mit dem Wissen des ersten Themas auf die nächste Karte und achte darauf, was dir alles zum nächsten Thema einfällt.

✗ Gehe nun mit dem Wissen der ersten beiden Karten auf die dritte etc.

✗ Wenn du alle Karten einmal durchlaufen hast, gehe in einem Bogen zur ersten Karte zurück.

✗ Stelle dich nun noch einmal auf die erste Karte und nimm wahr, was dir mit dem Wissen aus dem vorherigen Durchlauf noch zu diesem Thema einfällt.

✗ Nimm immer all dein Wissen mit und gehe auf die nächste Karte weiter, um wahrzunehmen, was dir jetzt noch einfällt.

✗ Mache auf diese Weise einige Durchläufe durch die Wissensgebiete.

✗ Schreite nun, ohne bewusst nachzudenken, einige Male über die Kartenstrecke und außen herum wieder zurück.

✗ Sammle dein gesamtes Wissen nun ein.

✗ Dieser Prozess schafft natürlich auch Vernetzungen zwischen unterschiedlichen Fächern, wenn du die entsprechenden Karten auslegst.

■ Bilder machen

Herbert Just

Anwendungsbereich:	Prüfung
Lernziel:	Visualisieren von Lernstoff
Zielgruppe:	Lernende jeder Altersgruppe
Zeitaufwand:	2–10 Minuten
Material:	keines

 **Innere Haltung**

Beharrlichkeit

 **Vorgehen**

In Tests und Abschlussprüfungen werden immer häufiger Situationsbeschreibungen verwendet, auf die sich die nachfolgenden Fragen beziehen.
Viele Schüler stürzen sich gerne nach einem kurzen Blick auf die Situationsbeschreibung auf die Fragen.
Wenn es gut geht, schauen sich einige gegen Ende der Prüfung die Situationsbeschreibung genauer an und machen danach hastige Korrekturen. Wenn es schlecht geht, geht gar nichts. Der Schüler merkt noch nicht einmal, dass er völlig um die Fragestellung herum geantwortet hat.

Situationen enthalten oftmals die Antworten – wenn man es erkennt. In einer Abschlussprüfung wurde z. B. eine Firma beschrieben, die im Groß- und Einzelhandel Bücher verkauft.
Die Firma hat 25 Angestellte, 8 Arbeiter, 6 Auszubildende. Der Umsatz sank in den vergangenen Jahren von 2,0 auf 1,8 und weiter auf 1,2 Millionen Euro.
Die Werbeausgaben betrugen 20 000 Euro.

Schüler lesen solche Angaben, haben aber keinen Begriff davon, was diese bedeuten. Es fehlen die Bilder, die Vorstellungen. Ich übe daher immer wieder – und vor Abschlussprüfungen verstärkt – die Kunst des „Bildermachens".

Ich frage die Schüler etwa Folgendes:

„Du stehst vor der Firma.

Was siehst du? Wie sieht die Straße aus? Ist diese belebt? Wie ist der Verkehr?

Du betrittst die Firma.

Wie sieht der erste Raum aus? Sind Menschen da?

Was machen sie? Gibt es andere Räume? Was geschieht dort? Was hörst du?

Reden die Menschen miteinander?

Was geschieht in der Mittagspause? Gibt es eine Kantine/Küche? Isst man gemeinsam?

Zeige mit dem ausgestreckten Arm, wie die Umsatzentwicklung ist. Wie viel Kleinanzeigen kann man wohl mit 20 000 Euro in einer Tageszeitung schalten? Wie viele halbseitige Anzeigen kann man schalten? Was schätzt du, kosten 1 000 Flyer? ..."

Durch die Fragen entstehen automatisch Bilder und automatisch erkennen die Schüler auch Unstimmigkeiten, die in den nachfolgenden Fragen mit hoher Wahrscheinlichkeit bedeutsam sind.

Ein Versuch lohnt sich!

■ Fehlerfreundlichkeit

Herbert Just

Anwendungsbereich:	Umgang mit Fehlern
Lernziel:	positiver Umgang mit Fehlern
Zielgruppe:	Lernende jeden Alters
Zeitaufwand:	abhängig von Situation
Material:	keines

 ## Innere Haltung

Wertschätzung von Fehlern als Wegweiser auf dem Weg zum Erfolg

 ## Vorgehen

Jeder „Fehler" ist ein wichtiger Hinweis darauf, dass ein Schüler einen Gedankenschritt nicht nachvollzogen hat oder anders verstanden hat, als es beabsichtigt war. Leider ist die vorherrschende Haltung, dass Fehler nicht passieren dürfen. In der Schule markiert man daher Fehler mit roter Schrift, verteufelt sie und schickt sie symbolisch zum Schmoren in die Hölle, damit sie ja so schnell nicht wiederkommen.

So kann ein Fehler seine heilsame Wirkung kaum entfalten. Er und sein Autor – unser Schüler – verstocken und machen dicht. Dumm gelaufen.

Wenn wir Lehrer allerdings freundlich mit den Fehlern umgehen, können diese echte Kumpels werden und den Lernfortschritt nicht nur eines Schülers fördern. Mein Schlüsselerlebnis war eine Stunde mit kaufmännischem Rechnen. Einen Schüler, der eine Bruchrechnung nicht verstanden hatte, bat ich zur Tafel, damit er diese Aufgabe vor der ganzen Klasse durchrechnen sollte.

Der Bereich um die Tafel ist für mich in solchen Situationen ein geschützter Raum. Der Schüler bekommt hier alle Zeit, die er braucht, um die Aufgabe zu lösen. Kritik von mir und von der Klasse ist strengstens untersagt. Fehler sind willkommen. Falls ein Fehler auftaucht, frage ich, was sich der Schüler gedacht hat. Zumeist erkennt man bei der Lösungsfindung, wie der Schüler denkt, an welcher Stelle Denkblockaden bestehen oder seine Denkweise sich meiner Lösung in den Weg stellt.

In obiger Schulstunde arbeitete sich der Schüler durch die Bruchrechnung schnell durch, war fast fertig, musste nur noch zwei Zahlen kürzen und sah diesen letzten, für alle offensichtlichen Schritt nicht. Die ganze Klasse und ich selbst fieberten mit ihm mit. Es entstand eine ungeheure Spannung, in der Raum und Zeit verschwanden und nur diese zwei Zahlen darauf warteten, durchgestrichen zu werden. Als endlich, nach Ewigkeiten, der Schüler die Lösung sah und die zwei kleinen Striche machte, war jeder im Raum erlöst. Fehler sind spannend, solange man sie nicht korrigiert und damit zur Hölle schickt.

Mit jedem Fehler, den ein Schüler an der Tafel löst, hilft er meistens gleichzeitig mehreren anderen Schülern.

Unsere Aufgabe als Lehrer sollte es sein, Fehlern mit Freundlichkeit zu begegnen und ihnen einen sicheren Ort an der Tafel zuzuweisen, damit sie ihre heilsame Wirkung entfalten können.

■ Disziplinierung

Rolf-Dieter Aff

Anwendungsbereich:	Disziplinierung
Lernziel:	Einhalten von Regeln und Vereinbarungen
Zielgruppe:	5.–9. Schuljahr
Zeitaufwand:	für Lehrer einige Stunden der Fokussierung und Einstellung, im Unterricht (in der Anwendung) jeweils etwa 5–10 Minuten in mehreren Stunden der ersten Schulwochen
Material:	farbige Karten, Platzanker

Innere Haltung

Rituale und Regeln sind im schulischen Miteinander unverzichtbar. Zum Selbstverständnis der Lehrerrolle gehören Selbstbestimmung, Selbstbewusstsein und Konsequenz im Verhalten/Handeln. Ein respektvoller Umgang ist die Voraussetzung für ein zielgerichtetes Miteinander und erfordert angemessenes Verhalten in jeder Situation.

⇨ Vorgehen

An anderer Stelle in diesem Buch (Kapitel 2: „Ich stehe in der Klasse" …) wird über die Verwendung von Raumankern berichtet. In meinem Klassenraum hängen drei solcher Raumanker mit unterschiedlicher Bedeutung von der Decke. Sie sind für alle gut sichtbar und die Schüler wissen genau, wann ich mich wo befinde und was das für sie bedeutet. Einer dieser Ankerplätze dient der Disziplinierung. Disziplinierung hat wenig mit preußisch-militärischen Strafmaßnahmen zu tun. Es geht zunächst darum, Schüler, die sich aus dem Unterrichtsgeschehen verabschiedet haben, wieder zurückzuholen. Im zweiten Schritt soll denen, die das Unterrichtsgeschehen (manchmal massiv) stören, Einhalt geboten werden. Es gibt eine Vielzahl von Möglichkeiten, dies zu tun. Sinnlos ist es, nach dem Pingpong-Prinzip die Störer immer wieder aufs Neue zu ermahnen und mit Maßnahmen zu drohen, nur um sich anschließend wieder stören zu lassen und die Drohungen zu verstärken etc. Auch die im Schulgesetz vorgesehenen Maßnahmen sind nicht wirklich hilfreich und schon gar nicht unmittelbar anwendbar. In der Physik heißt es, dass ein mechanisches System stabil ist, wenn es auf (mindestens) drei Beinen steht. Auch mein Unterricht steht auf drei Beinen:

1. Ich arbeite so pro-aktiv wie möglich! Das bedeutet, dass ich im Vorfeld versuche, Hindernisse aus dem Weg zu räumen (Unterrichtsplanung), dass ich mir so schnell und so bald wie möglich eine Einschätzung über meine (neuen) Schüler verschaffe, die auf eigenen Beobachtungen beruht, und dass ich mir vorher überlege, welche Maßnahmen ich in welchen Situationen zur Verfügung habe. Das erfordert einige Erfahrung, zugegeben.

2. Ich benutze zwei klar definierte und für die Schüler verständliche Systeme, um Aufmerksamkeit zu gewinnen bzw. die Schüler, die abzuschweifen drohen, zurückzuholen:

   a. Farbige Karten (grün, gelb, rot – zur Verwendung siehe Kapitel 2: „Einführung von Regeln und Ritualen"), meist in Verbindung mit den in meinem Klassenraum installierten Platzankern.

   b. Die 1-2-3-Methode: In kurzen Worten geht es darum, Störungen im Unterricht zu vermeiden – und das, indem die Schüler lediglich auf einen Fingerzeig reagieren. Ein erhobener Finger (in Richtung des störenden Schülers) bedeutet: „Achtung, Aufmerksamkeit auf das Unterrichtsgeschehen, Ablenkungen einstellen!" Zwei Finger bedeuten: „Letzte Verwarnung!" Und drei Finger sagen: „Ab in die Auszeit!" Für die Auszeit steht im Klassenraum ein reservierter Platz zur Verfügung. Die betreffenden Schüler verbleiben dort, bis ich sie zurückhole. Für sie ist das eine klare und einfache Methode, die der individuellen und allgemeinen Beruhigung dient. Für den Lehrer bedarf es einiger Vorbereitungen und eines umfangreicheren Verständnisses dieser Methode.

3. Sollten die unter 1. und 2. beschriebenen Maßnahmen nicht oder nicht mehr ausreichen, betrete ich (je nach Situation, unter Zuhilfenahme der roten Karte oder auch ohne) den Ankerplatz für Disziplinierung. Auf dem Weg dorthin sammle ich mich, beruhige mich (keine Emotionen!) und überlege mir, welche Maßnahme (aus einem von mir selbst zusammengestellten Katalog) wohl die angemessene ist. Diese teile ich dem Störenfried unter Verweis auf den entsprechenden Regelverstoß mit (in ein bis zwei Sätzen, keinesfalls mehr!). Es gibt weder Verhandlungen noch Diskussionen noch Streit. Das Ganze soll so ruhig wie möglich vonstattengehen. Es gibt nichts nachzutragen oder mitzunehmen.

Anmerkungen

In der Regel handelt es sich bei den beschriebenen Maßnahmen um Schritte für Ausnahmesituationen. Die meisten Stunden verlaufen auch ohne Disziplinierung in guter, lockerer und einvernehmlicher Atmosphäre. Wichtig ist, dass alle

Beteiligten wissen, was kommen kann. Den Ankerplatz für Disziplinierungen benötige ich im Laufe eines Schuljahres kaum bis nie mehr, nachdem in den ersten Tagen und Wochen Erwartung, Bedeutung und Konsequenz eindeutig geklärt sind. Die grüne Karte allerdings gehört zum Tagesgeschäft. Sie fordert Aufmerksamkeit und Ruhe. Die Schüler wenden sich mir zu und stellen jede weitere Kommunikation ein – mit einer Ausnahme: Wenn ein Mitschüler/Nachbar mich und die Karte noch nicht wahrgenommen hat und deshalb weiter mit anderen Dingen beschäftigt ist, wird er durch ein Antippen aufmerksam gemacht. Es fallen keine Worte mehr. Nach wenigen Sekunden kehren Ruhe und Aufmerksamkeit ein.

■ Diktieren

Herbert Just

Anwendungsbereich:	Disziplinierung
Lernziel:	bei starker andauernder Unruhe
Zielgruppe:	Schüler, Studenten, Erwachsene, keine Einschränkungen
Zeitaufwand:	10–20 Minuten
Material:	keines

⇨ Vorgehen

Manche Methoden sind veraltet und verpönt, aber sehr wirksam – so wie das Diktieren ins Heft.

Zurückgegriffen habe ich auf das Diktieren in einer Situation, in der ich glaubte, der Klasse nicht mehr Herr zu werden. Aus reiner Hilflosigkeit begann ich, den Stoff zu diktieren.

Erstaunt war ich über die unerwartete Reaktion: Es wurde im Laufe des Diktats immer ruhiger, kurze Erläuterungen wurden entgegengenommen und es stellte sich ein Gefühl der Zufriedenheit bei den Schülern ein.

Nachträglich betrachtet ist das logisch. Wenn man zuhört, kann man selbst nicht reden.
Wenn man etwas niederschreibt, sieht man im Heft, was man gehört hat.
Zusätzlich übt man sich im feinmotorischen Bereich.

Es mag veraltet, ja verpönt sein. Aber es wirkt.

■ Daumenprobe

Herbert Just

Anwendungsbereich: Feedback
Lernziel: Lernkontrolle und eigene Einschätzung
Zielgruppe: Schüler, Studenten, Erwachsene, keine Einschränkungen
Zeitaufwand: 1–2 Minuten
Material: keines

 ## Innere Haltung

Je nach Feedback Bereitschaft zur Wiederholung der Lerninhalte

 ## Vorgehen

Nach längeren Unterrichtsabschnitten oder bei der Präsentation anspruchsvoller Inhalte kommt es vor, dass man nicht genau einschätzen kann, ob die Inhalte „angekommen" sind oder ob man die Klasse/Gruppe irgendwo im Unterrichtsgeschehen verloren hat. Eine Zusammenfassung oder Wiederholung lässt die Zeit oder die Aufmerksamkeit der Schüler nicht mehr zu. Wie kommt man jetzt zu einer schnellen, nonverbalen Rückmeldung?

Durch die Daumenprobe erkennt man unmittelbar, ob die Schüler glauben, eine Lektion verstanden zu haben. Diese Art der Rückmeldung hat noch den Effekt, dass sich die Schüler dadurch selbst bewusst werden, wie sie ihr Verständnis des Stoffs subjektiv einschätzen.

Folgende Signale sind möglich:

✗ **Daumen hoch:**
   Alles ist ok. Zeigt dies der überwiegende Teil der Klasse an, kann man zufrieden sein. Befinden sich darunter aber viele „Daumen runter", sollte man in der nächsten Stunde die Klasse aufteilen, um den Stoff mit einer Gruppe zu wiederholen bzw. die andere Gruppe üben zu lassen.

✗ **Daumen nach unten:**
   Oh Gott, was habe ich getan?
   Im Grunde genommen ist das nur ein Zeichen dafür, dass man die Schüler nicht ganz abgeholt hat. Das passiert immer wieder und ist nur dann

schlimm, wenn man die Rückmeldung übergeht. Es empfiehlt sich, einen Schüler in der nächsten Stunde zu bitten, den Stoff bis zu dem Punkt zu wiederholen, an dem er nichts mehr weiß. Falls die Wiederholung unvollständig oder ungenau ist, gibt er die Aufgabe einfach an einen Mitschüler weiter (siehe Kapitel 3: „Stafette").

X **Daumen in der Mitte:**
Ich habe es verstanden. Es muss sich aber noch setzen.
Das ist in Ordnung. Eine kurze Wiederholung muss aber in der nächsten Stunde unbedingt erfolgen.

X **Halbmast:**
Stehen die Daumen auf Halbmast, also zwischen unten und Mitte oder oben und Mitte, kann es ein Anzeigefehler oder eine echte Skalierung sein. Anzeigefehler entstehen durch Bequemlichkeit und man sollte einfach den Schüler bitten, es genau anzuzeigen.
Ist es ein echter Halbmast, so kennt man die Tendenz.

X **Daumenwackeln:**
Daumenwackeln entsteht in der Mittelposition und signalisiert: Ich habe es verstanden, bin mir aber nicht ganz sicher. Ich brauche noch etwas Übung.

■ ZWERG II – oder: Lernen, üben und wiederholen einmal anders

Rolf-Dieter Aff

Anwendungsbereich:	Modelle, Lernen, Vernetzen, Behalten
Lernziel:	interaktives Lernen stärken, freies Sprechen üben
Zielgruppe:	je nach Inhalt und Fragestellung ab dem 5. Schuljahr
Zeitaufwand:	Einige Zeit in der Vorbereitung benötigt man, um sich mit den „richtigen" Fragen und den möglichen Eventualitäten zu beschäftigen. Fließt danach in den Unterricht ein.
Material:	evtl. eine vorbereitete Mindmap auf einem Plakat oder dem Active-Board

 ## Innere Haltung

Die Schüler wollen sich beteiligen, sie wollen einen Beitrag leisten. Wenn man ihnen die Möglichkeit bietet, dies zu tun, ohne dass es gleich bewertet, beurteilt oder benotet wird, tun sie dies umso lieber. Sie lernen dabei miteinander und voneinander, vor allem auch, weil die Wortwahl ihre eigene ist. Uns als Fragesteller und Begleiter bietet sich in vielfältiger Weise die Gelegenheit, uns ein Bild vom Erkenntnisstand der Schüler zu machen.

 ## Vorbemerkungen

Über viele Jahre musste ich immer wieder feststellen, dass die Mehrzahl der Schüler nicht dazu in der Lage ist, Lern- und Unterrichtsinhalte in brauchbarer Form wiederzugeben, zu wiederholen oder gar eigene Worte und Formulierungen zu finden. Ich bin nach wie vor der festen Überzeugung, dass Schüler einen Inhalt genau dann richtig verstanden haben, wenn sie es auch schaffen, ihre Kenntnisse und ihr Wissen sprachlich zu vermitteln. Bei meiner Suche nach geeigneten Werkzeugen stieß ich auf die Veröffentlichungen von Wissenschaftlern, die sich ausführlicher als ich mit diesen Themen beschäftigt hatten.
Dort ging es um …

✗ ganzheitliches Lernen

✗ interaktives Lernen

✗ gehirngerechtes Lernen

✗ spielerisches Lernen.

Die Thesen und „Gebote", die dort vertreten wurden, waren mir im Wesentlichen vertraut und einleuchtend. Was ich suchte, war die Quintessenz aus all dem, die ich direkt im Unterricht umsetzen wollte. Ich fand sie eher zufällig, indem sich zwei Dinge zusammenfügten, die an anderer Stelle in diesem Buch beschrieben wurden. Es handelt sich dabei zum Einen um meine Vorliebe für Akronyme und zum Anderen um die Zwerge, die meine Schüler zu Beginn des fünften Schuljahres als Unterstützer (bei Fantasiereisen und Entspannungsübungen) von mir (siehe Kapitel 1: „ZWERG I")erhalten:

⇨ Vorgehen

ZWERG dient mir dabei als Wortanker. Die Buchstaben stehen (je nach Altersgruppe) für Begriffe wie **Z**iel oder **Z**usammenhang, das **W**ichtigste, **E**rkenntnis oder **E**rgebnis, **R**essource oder **R**ettungsanker, **G**efühl oder das **G**anze. Der zur Verfügung stehende Platz in diesem Buch reicht nicht aus, um alles wiederzugeben, was daraus entstanden ist. Ich verwende die Methode inzwischen in unterschiedlichsten Fächern und habe dafür Fragen, Aufgabenstellungen, Anweisungen und Arbeitsblätter entwickelt. Dies alles wächst und verändert sich zur Zeit noch. Ich deute hier lediglich anhand eines kurzen Beispiels an, wie ich die Methode zur Wiederholung von Inhalten im täglichen Unterrichtsgeschehen einsetze. Der entscheidende Punkt dabei ist der, dass ich nicht die üblichen Wiederholungsfragen stelle, die allzu oft nichts als Sprachlosigkeit hervorgerufen haben. Meine Fragen zielen darauf ab, die Schüler zum Sprechen, zum Erzählen zu bringen – und dies in dem Bewusstsein, dass sie nichts als ihre eigene Wahrnehmung wiedergeben. Es geht nicht um richtig oder falsch. Verschiedene Schüler erzählen unterschiedliche Geschichten. Diese geben mir Auskunft darüber, was bei ihnen „hängengeblieben" ist, was sie glauben, verstanden zu haben. Es entstehen dabei Unterrichtsgespräche, die sich nicht selten zu einem Ganzen zusammenfügen. Dabei besteht kein Bewertungs- oder gar Notendruck. Das Voneinander- und Miteinander-Lernen wird gestärkt. Die Fragen (Anweisungen), die ich stelle (gebe), sehen dann etwa so aus:

Z – Zusammenhänge: *„Stelle einen Zusammenhang zwischen deinen eigenen Erfahrungen und den Inhalten der letzten Stunde her. Falls du keinen findest, kannst du auch einfach so tun, als ob es einen gäbe. Erfinde einen."*
W – Das Wichtigste: *„Was ist für dich das Wichtigste in der Geschichte (an dieser Sache …)? Welches Ereignis, welche Aussage, welche Person …?"*

E – Erkenntnis, Erinnerung, Ergebnis: *„Was erkennst du in der Geschichte (an der Sache…)? Woran erinnert sie dich? Woran erinnerst du dich?"*
R – Rückfragen, Rettungsanker, Ressourcen: *„Finde und stelle eine (einige) Frage(n), die sich mit Begriffen befassen, die dir neu und/oder unbekannt sind oder mit Sachverhalten, die es zu klären gilt. Welche Frage zum Thema kommt dir in den Sinn?"* Manchmal, wenn es Sinn macht, frage ich auch nach einem Rettungsanker, z. B. einer Eselsbrücke, die die Schüler selbst finden.
G – Das Ganze: *„Versuche nun, dir ein Bild/Tafelbild, eine Situation aus der letzten Stunde, die du noch einmal ‚von außen' betrachtest, oder gar einen inneren Film dieser Geschichte herzustellen. Erzähle, was du siehst."* Hier frage ich auch gerne nach den sogenannten Submodalitäten dieses Bildes (Farbe, Helligkeit, Kontrast, Blickwinkel etc.).

Ganz oft stellt sich heraus, dass die verschiedenen Schüler auch sehr verschiedene Eindrücke wiedergeben. Das ist gewollt und erwünscht und fügt sich dann meist zu dem oben erwähnten Gesamtbild zusammen. Alles, was kommt, ist erwünscht und wird „eingebaut". Der „Zusammenbau" geschieht natürlich mit einer Gewichtung. Aber das ist für die Schüler nicht so sehr von Bedeutung. Für sie zählt in erster Linie, dass sie einen Beitrag leisten konnten. Denken Sie daran: Wer fragt, lenkt! Und Sie haben die Möglichkeit, jeden Beitrag mit Wohlwollen zu versehen.

Achtung

Möglicherweise werden Ihre Schüler sich anfangs etwas befremdet zeigen ob der „anderen" Fragestellungen. Gehen Sie behutsam vor und verdeutlichen Sie ihnen, dass sie nichts falsch machen können. Beispielsweise kann man bei „G" auch nach dem Gefühl fragen, das die Schüler beim Betrachten ihrer Ergebnisse haben. Damit können sie zunächst nur wenig anfangen. Als Indikator ist diese Frage allerdings äußerst nützlich.

Literatur

✗ Mayer, Martin R.: **Effektiv und mit Leichtigkeit lernen.** Via Nova, 2006.

✗ Schachl, Hans, Dr.: **Was haben wir im Kopf?** Veritas-Verlag, 2005.

✗ Struck, Peter, Prof. Dr.: **Die 15 Gebote des Lernens.** Primus-Verlag, 2008.

✗ Spitzer, Manfred, Prof. Dr.: **Geschichten vom Gehirn.** Suhrkamp, 2005.

■ Feedback zum Feedback – oder: Wie Schüler und Lehrer konstruktive Feedback-Regeln leicht lernen können.

Gudrun Heinrichmeyer

Anwendungsbereich:	Feedback
Lernziel:	Feedback angemessen geben und annehmen
Zielgruppe:	Lehrer und Schüler aller Altersgruppen
Zeitaufwand:	5 Min. pro Unterrichtseinheit
Material:	keines

 ## Innere Haltung

Weiterentwicklung erfolgt in einem kontinuierlichen Verbesserungsprozess. Es gibt keine Fehler, sondern nur Feedback – und Feedback hilft mir dabei, mein Verhalten zu optimieren. Wenn das, was ich tue, nicht funktioniert, tue ich etwas anderes.

 ## Vorbemerkungen

Vielleicht kennen Sie das auch: Obwohl Sie theoretisch wissen, dass Optimierungsvorgänge nur mit Hilfe von Feedback funktionieren können, fürchten Sie sich vor dem Geben und Annehmen von Feedback, weil Sie in Ihrem Leben die Erfahrung gemacht haben, dass Fehler zu Blamagen, Ärger und vielleicht auch schlechten Beurteilungen führten. Also vertuschen Sie Fehler lieber oder bemerken sie vorsichtshalber gar nicht, anstatt sie als Lerngelegenheit zu nutzen. Vertuschte und unbemerkte Fehler führen jedoch zu unabsehbaren Folgeschäden, die dann im Berufsleben richtig viel Geld kosten und so manche Karriere beenden. Daher ist es wichtig, so bald wie möglich Feedback als wichtige Erkenntnisquelle, gekoppelt mit angenehmen Lernerfahrungen, im Unterricht einzuführen. Damit Schüler lernen können, wie sie Feedback richtig geben und annehmen können, kann der Lehrer als gutes Beispiel dienen. Er gibt Feedback nach den Regeln der Kunst – nicht nur, wenn ein Fehler zu bemängeln ist, sondern auch, wenn alles in Ordnung ist. So entsteht eine Feedbackkultur, die mehr von Lob als von Kritik bestimmt wird. Außerdem bittet ein Lehrer, der ein gutes Vorbild für Feedback ist, natürlich um Feedback für seinen Unterricht. Das ist wichtig, damit Schüler, die von der Beurteilung des Lehrers abhängig sind, es überhaupt wagen, Feedback zu geben, und der Lehrer im Anschluss an dieses Feedback als gutes Beispiel für angemessenes Annehmen von Feedback dienen kann. Konstruktives Feedback können Sie erzeugen, indem Sie Feedback für das gegebene Feedback geben lassen. So schleifen sich am schnellsten sinnvolle Feedbackregeln ein. Konstruktives Feedback gehört dann routinemäßig zum Tagesgeschehen.

⇨ Vorgehen

Legen Sie zu Beginn der Unterrichtsstunde fest, wer heute für das Geben von Feedback zuständig ist. Das kann der Reihe nach oder nach dem Alphabet geschehen oder nach anderen von allen als gerecht empfundenen Regeln – auf jeden Fall so, dass jeder Schüler mal drankommt.

Dann vereinbaren Sie noch einige Fragen für das heutige Feedback für Ihren Unterricht, z.B. in Form von Satzanfängen, die der Feedbackgeber vervollständigt:

✗ Besonders gut gefallen hat mir heute …

✗ Nicht so gut gefallen hat mir heute …

✗ Besonders gut merken konnte ich mir heute …

✗ Langweilig fand ich heute …

✗ Besonders erstaunt hat mich heute …

✗ In Zukunft wünsche ich mir weniger …

✗ In Zukunft wünsche ich mir mehr …

✗ Ich könnte besser aufpassen, wenn …

✗ Ich könnte besser lernen, wenn …

✗ Unangenehm war mir heute …

✗ Am wohlsten gefühlt habe ich mich heute …

Bestimmen Sie zusätzlich einen Schüler, der dem Feedbackgeber Feedback zu seiner Feedbackqualität gibt.

Auch hier gibt es Satzanfänge, die der Feedbackgeber vervollständigt:

✗ Besonders gut gefallen an deinem Feedback hat mir …

✗ Beim nächsten Mal, wenn du Feedback gibst, könntest du … noch mehr berücksichtigen.

Der für das Feedback zum Unterricht zuständige Schüler gibt ca. 5 Minuten vor Schluss sein Feedback. Der Lehrer hört nach den Regeln guten Feedbacks zu und bedankt sich.

Danach kommt der Schüler dran, der Feedback für das vorher gegebene Feedback gibt. Hier geht es darum, wie die Feedbackregeln eingehalten wurden. Der Feedbackgeber für den Unterricht hört nach den Regeln zu und bedankt sich. Am Ende bedankt sich der Lehrer bei beiden Schülern und der Unterricht endet.

Feedbackregeln

Geben und annehmen von Feedback

✗ Ich formuliere Feedback so, wie ich es auch bekommen möchte.

✗ Ich nehme Feedback an, indem ich zunächst nur zuhöre und bei Unklarheiten nachfrage, mich aber keinesfalls rechtfertige.

✗ Ich gleiche das Feedback mit meiner eigenen Wahrnehmung der Situation ab und ziehe meine Schlüsse daraus.

✗ Welche Anregungen ich in meinem weiteren Leben berücksichtige, bleibt dann mir selbst überlassen.

NLP-Information

✗ Feedback ist eine wichtige Quelle der Erkenntnis.

✗ Je kürzer die Feedbackschleife ist, umso leichter ist es, das eigene Verhalten und Denken zu optimieren.

✗ Aus systemischer Sicht bewirkt mehr von dem, was ich bisher getan habe, um mein Ziel zu erreichen, mehr von dem, was ich bisher bekommen habe.

✗ Sollte das Erreichte nicht meinen Wünschen entsprechen, ist wahrscheinlich der entgegengesetzte Weg oder eine völlig neue Vorgehens- oder Denkweise das Mittel der Wahl, um das erwünschte Ziel zu erreichen.

✗ Erbitten Sie als Lehrer von Ihren Schülern Feedback für Ihren Unterricht. – Sie sind in der mächtigeren Position! Ohne Ihre Bitte erhalten Sie nur nonverbales Feedback (konzentrierte Mitarbeit bzw. Störungen).

→ Lassen Sie jeden Tag einen Schüler am Ende des Unterrichts ein Feedback zum erlebten Unterricht geben.

→ Lassen Sie einen weiteren Schüler dem ersten Schüler Feedback über die Einhaltung der Feedbackregeln geben – auch dieses Feedback erfolgt nach den Feedbackregeln.

4

Stress und Konflikte

■ Einführung

Christina Mager

Die Weltgesundheitsorganisation hat **Stress** zu einer der größten Gesundheits-
gefahren des 21. Jahrhunderts erklärt. Dass diesbezüglich schon bei Kindern
und Jugendlichen erhebliche Beeinträchtigungen und Symptome auf der
körperlichen und psychischen Ebene zu beobachten sind, wird in neueren
Forschungsergebnissen dokumentiert.

Verunsicherte Eltern hören und lesen, dass sich der spätere Lebensweg ihres
Kindes schon in der Schule entscheidet. Entsprechend fühlen sie sich verpflich-
tet, das Beste für ihr Kind zu tun und die beste Schule auszuwählen. Damit
verbunden geraten schon Grundschüler im 3. und 4. Schuljahr so unter Stress,
dass der bevorstehende **Schulübergang** von 4 nach 5 erhebliche Ängste und
Furcht vor Misserfolg hervorruft.[6]

Auch das **Turboabitur** macht für
Kinder die Schulzeit noch hekti-
scher. Erfahrungen zeigen, dass
jedes dritte Kind ohne außerschu-
lische Nachhilfe nicht auskommt.
Angst vor Versagen und Scheu vor
einem sozialen Abstieg bringen
Kindern und Jugendlichen weniger
Wertschätzung, aber häufigere
Überforderungssituationen und
das Lahmlegen der Lernmotivation.
Konflikte mit Schülern untereinander sind eine häufige Begleiter-
scheinung.

Mit den Beiträgen in diesem Kapitel möchten wir als nlpaed-Pädagogen dem
„Katastrophendenken" und einer drohenden **Abwärtsspirale vorbeugen und
entgegenwirken.** Seit der Hattie-Studie wissen wir, dass sich unter den wirksams-
ten Einflussfaktoren für schulischen Erfolg Ansätze befinden, die gute Lehr- und
Lernstrategien betreffen. Ein Lernklima verbunden mit Ermutigung und Respekt
steht in direkter Verbindung zu Konzentration, Motivation und Selbstkonzept
unserer Schüler. Die Zuversicht der Lehrkraft in Hinblick auf die Fähigkeiten ihrer
anvertrauten Schüler spielt hierbei eine wesentliche Rolle.

---

[5] Siehe Largo, Remo H.: Lernen geht anders. Piper Verlag, 2012, S. 117ff.

„Was kann ich heute tun/lernen und wer hilft mir dabei? Wer stärkt mich bei Auseinandersetzungen?" oder „**What works?**" könnten unsere schülerorientierten **Schlüsselsätze zur Stressbewältigung** sein. In den folgenden Beiträgen legen wir Wert auf eine positive Beziehungskultur zwischen Lehrern und Schülern, aber auch zwischen Schülern untereinander, unterstützend im Lernprozess. Mithilfe der neuen Strategien, wie wir sie in diesem Kapitel anbieten, erreichen die Schüler ihre gesetzten Ziele. Hierbei reflektieren sie ihr eigenes Lernen, auch bezogen auf Einstellungen, Verhalten, Gewohnheiten und Zeitmanagement. Das führt automatisch weg vom Stress und zu Verbesserungen ihrer Leistungen. Wir sind, was wir denken, und wir können „Probleme niemals mit der gleichen Denkweise lösen, durch die sie entstanden sind" (zitiert nach Albert Einstein), deshalb sind wir ständig auf der Suche nach …

What works better?

Hier möchten wir auch unsere eigenen **Erfolgskriterien** transparent machen und **Beispiele und Anregungen** geben für das Umdenken zum Thema Stress und Konflikt in unseren Köpfen. Schließlich sind wir Pädagogen und Eltern wichtige Vorbilder für lebenslanges Lernen. Unsere Überzeugungen finden Sie gut verpackt in den nachfolgenden Seiten.

Im Übrigen finden wir: **Ein bisschen Stress kann nicht schaden**. Dann werden Verlangen und die Sehnsucht nach Herausforderungen geweckt – zum Beispiel, auf Knopfdruck Gefühle und Sichtweisen verändern. Vielleicht auch bei Ihnen?

Viel Spaß und Erfolg beim Ausprobieren!

■ Faustübung

Christina Mager

Anwendungsbereich:	Entspannung/Stressmanagement
Lernziel:	Schulung der Aufmerksamkeit in Bezug auf das eigene Verhalten
Zielgruppe:	alle Altersgruppen
Zeitaufwand:	für die Einführung 15 Minuten, als Ritual zu Beginn einer Förderstunde 6 – 8 Minuten
Material:	vorbereiteter Sitzkreis

Innere Haltung

(Beobachtung des eigenen Verhaltens: Ich überprüfe mich selbst, indem ich meine Fäuste anspanne.) „Ich bin konzentriert und Meister meiner selbst, meine Aufmerksamkeit richtet sich auf ein Ziel!"

Vorbemerkungen

Die Faustübung ist eine verkürzte Form der progressiven Muskelentspannung. Sie ist gut anwendbar und sowohl im Unterricht als auch für Lerntraining in Gruppen und Einzelcoachings hervorragend geeignet. Kinder können diese Technik rasch erlernen und eigenständig anwenden. Diese Übung stärkt Aufmerksamkeit und Konzentration, aktiviert beide Hirnhälften, gibt Mut und Selbstvertrauen. Sie bringt Kindern Ruhe und Sicherheit im Schulalltag, ist gut anwendbar bei Prüfungen und Klassenarbeiten und auch sehr nützlich vor den Hausaufgaben. Nach längerer Anwendung verkürzen sich sogar deutlich die Lern- und Arbeitszeiten, so berichten mir immer wieder die Schüler.
Die Faustübung ist ein Universalmittel gegen Stress, hilfreich vor Tests, Wettkämpfen, Auftritten, Fußballspielen etc. und hilft sogar vor dem Einschlafen, wenn jemand besonders aufgeregt ist. Vor allem ist sie deshalb so beliebt, weil sie nahezu in jeder Situation unauffällig im größten Trubel genutzt werden kann. Kinder und Jugendliche sind, wenn sie die Übung anwenden, auch bei Belastungen locker und entspannt und gleichzeitig aufmerksam und konzentriert.

⇨ Vorgehen

Ich benutze diese Übung gerne als Einstiegsritual im Deutsch-Förderunterricht für die Klassen 5–8 am Nachmittag. In einem Sitzkreis starten wir mit Beobachtungen der Muskelanspannung unserer Hände und dem Bewusstwerden unserer Atmung. Beides bereitet gut das nachfolgende Lernen und Arbeiten vor. Die Übung geschieht in großer Stille. Sie ist nur auf das eigene Tun und den Moment gerichtet. Wir geben einander Hilfestellung und Kontrolle und arbeiten gleichberechtigt in der Gruppe – ein angenehmer Einstieg in eine Förderstunde. Die Besonderheit der Faustübung ist der außergewöhnlich positive Nebeneffekt. Während wir mit dem Spannen und Entspannen unserer Hände in Zehnerschritten beschäftigt sind, trainieren wir auch, „100 Prozent" zu sein. Hierbei lässt sich zu vielen anderen Lernbereichen ein Transfer herstellen. Die in der Übung benutzten Zahlenangaben für das Anspannen der Hände lassen uns 10, 20, 50 … 100 % sein. Bei der Zahl Null lassen wir uns Zeit für einen längeren, tieferen Atemzug und lassen los. Die Wahrnehmung der eigenen Aktivitäten und Empfindungen steht im Vordergrund. Obwohl nur die Muskelgruppen der Hände angespannt und wieder entspannt werden, entspannt der ganze Körper. Der Atem fließt ruhig und gleichmäßig. Wir sind achtsam im Üben und stellen uns die Hunderterskala bildlich vor. Das Anspannen der Hände erfolgt relativ kurz. Bei einer Zahl verweilen wir etwa zehn Sekunden, dann gehen wir zur nächsten. Für einen „Durchgang" benutzen wir etwa fünf verschieden aufsteigende Zahlen. Wird die Zahl Null genannt, lösen wir die Fäuste, lassen die Arme kurz herunterhängen, atmen tief ein und aus. Wir empfinden Schwere und lassen die Entspannung wirken.

Der zweite Durchgang hat auf- und absteigende Zahlen und erfordert noch mehr Aufmerksamkeit. Die letzte Ziffer jedes Durchgangs ist immer die Null. Danach folgt ein tiefer Atemzug. Bereits nach etwa fünf Durchgängen stellen sich positive Empfindungen ein.

Die Folgedurchgänge werden von den Schülern selbst angesagt. Während ein Schüler ansagt, ist ein anderer Beobachter und gibt dem Rest der Gruppe Feedback. Die Übung kann auch mit geschlossenen Augen durchgeführt werden. Wir fühlen, spüren, begreifen, erfassen den Unterschied zwischen Spannung und Entspannung. Durch unsere Erfahrungen der Selbst- und Fremdwahrnehmung geben wir uns gegenseitige Wertschätzung. Eine positive Grundstimmung und weitere Empfindungen entstehen: Wir sind Klasse/Gruppe/Partner, die miteinander lernen und wachsen. Wir bemühen uns, 100 % zu sein, und unser Anleiter/Lehrer/Coach unterstützt uns in unserem Lern- und Arbeitsprozess.

Anleitung

(Dauer: ca. 8–10 Minuten)

„Nimm eine bequeme Haltung ein, sitze aufrecht, halte die Füße gerade mit Kontakt zum Boden. Deine Hände liegen locker auf deinen Oberschenkeln. (Anweisung mit Betonung:) Spanne nun deine beiden Fäuste an, so fest du kannst.

Die voll angespannte Faust, wenn die Knöchel deiner Hand deutlich hervortreten, hat die Zahl 100. Bei Hundert hast du 100 % Anspannung und übst die größte Muskelkraft in deinen Händen aus.

Bei der Zahl 50 ist die Spannung nur halb so groß, also drückst du mit halber Kraft und bist dann bei 50 %.

Null ist nichts! Jetzt sind deine Hände geöffnet und locker. Probiere es gleich aus:

0 – 50 – 100 – 100 halten – Null!

Bei Hundert gibst du alles mit aller Kraft und bei Null lässt du los!

Bei Null lässt du die Arme hängen, lockerst die Fäuste und atmest tief ein und aus. Je größer die angegebene Zahl, desto stärker spannst du deine Faust, je niedriger die Zahl, desto lockerer werden deine Hände.

Gleich nenne ich einige Zahlen in Zehnerschritten aufwärts und am Ende gehe ich wieder zurück zur Null. Hier atmest du hörbar ein und aus.

30 – 40 – 60 – 90 – 100 – Null!

Atme tief durch die Nase ein und durch den Mund aus.
Im zweiten Durchgang sind die Zahlen durcheinander gemischt. Ich nenne eine Reihenfolge von sechs Schritten und gehe dann wieder zurück zur Null.

60 – 20 – 40 – 90 – 80 – 50 – Null!

Bei Null lässt du die Hände locker herunterhängen und atmest tief ein und aus.

Im Durchgang drei kannst du die Übung allein anwenden. Dabei nennst du laut sechs Zahlen, wir folgen deiner Vorgabe und spannen unsere Hände entsprechend an. Die Null steht immer am Ende der Reihe." (Die Lehrkraft wählt einen Schüler aus, der selbstständig anleitet.)

Varianten

✗ *„Ein Beobachter aus der Gruppe hilft dir. Er schaut auf die Teilnehmer und gibt ihnen Rückmeldung und Unterstützung, wie z. B.: ‚Du warst 100 Prozent!' oder ‚Deine Fäuste waren nicht ganz geschlossen', ‚Du kannst noch tiefer atmen bei der Null und dann die Hände loslassen', ‚Deine Füße waren gut auf dem Boden' etc."*

✗ Durchgänge in Partnerarbeit: Ein Kind sagt die Zahlen an, das andere ist Helfer und Beobachter und gibt den restlichen Kindern Ratschläge und Tipps.

✗ Schüler wählen Schüler aus, selbstständige Anleitung und Durchführung in nachfolgenden Stunden. Durchführungen mit geschlossenen Augen.

Literatur

✗ *Grob, Peter:* **Spannende Entspannung.** Muskelentspannung nach Jacobsen. Audio-CD. Lundbeck Verlag, 2006.

✗ *Stöhr-Mäschl, Doris/Reiser, Stephan:* **Kleine Pausen für den Schulalltag.** Kurze Übungen zur Entspannung, Aktivierung, Bewegung. Audio-CD. Verlag an der Ruhr, 2013.

✗ *Kaltwasser, Vera:* **Achtsamkeit in der Schule.** Stille-Inseln im Unterricht: Entspannung und Konzentration. Beltz, 2013.

Erholung von innen

Regina Maria Bach

Anwendungsbereich:	Ich-Stärkung
Lernziel:	einen positiven inneren Lernzustand erleben
Zielgruppe:	alle Altersgruppen
Zeitaufwand:	1 – 2 Schulstunden
Material:	Papier und Buntstifte

 Innere Haltung

Angenehmes Naturerleben, sich positiv auf kreative Gedankenprozesse einlassen und neue Ideen entwickeln

 Vorgehen

In dieser Einheit geht es darum, dass Schüler ihren inneren Ort der Erholung und Ausgeglichenheit finden. Wird sich an diesen Ort immer wieder erinnert, dann ist die Grundlage für Kreativität, leichtes Lernen, Erholung, Intuition und Lebensfreude gelegt.

Ich lade somit meine Schüler zu folgender Wahrnehmungsübung ein.
Es ist eine Reise in die Innenwelt, um den inneren Reichtum zu entdecken.
Der Text kann so mit ruhiger Stimme vorgelesen werden.

„Du sitzt auf deinem Stuhl und nimmst wahr, wie sich dieser Stuhl anfühlt, hörst das eine oder andere Geräusch im Raum oder außerhalb des Raumes und bemerkst, wie die Aufmerksamkeit sich mehr und mehr nach innen richtet, auf den inneren Reichtum, während du auf den eigenen Atemfluss achtest, das Einatmen und das Ausatmen, das Heben und das Senken des Brustbereiches und dir dabei erlaubst, störende Gedanken loszulassen. Du findest eine Haltung, die dir ganz angenehm ist, um ganz bei dir zu sein und zu träumen, wie schon viele Menschen vor dir geträumt haben. Und während du beginnst, in deine Innenwelt einzutauchen, bemerkst du, wie du auf deinem Stuhl sitzt. Du spürst die Sitzfläche, während sich ein Auge oder beide Augen schließen – jetzt – und mehr und mehr die Aufmerksamkeit nach innen gerichtet ist.

Vielleicht beginnt schon irgendwo im Körper ein Gefühl des Wohlbefindens sich aus-
zudehnen, vielleicht beginnt dieses Wohlgefühl im Kopf oder in den Beinen oder im
Bauch oder sonst irgendwo im Körper, während der Atem gleichmäßig fließt, so wie
er es schon immer tut und getan hat. Mehr und mehr breitet sich das Gefühl des
Wohlbefindens aus, Gedanken kommen und gehen, so wie Wolken kommen und
gehen. Und vielleicht ist das Gefühl so, wie in einer Hängematte zu schaukeln
oder im See auf einer Luftmatratze zu liegen und sich von einem leisen Wind
bewegen zu lassen – vielleicht ist es auch ganz anders. –

Und während sich das Wohlbefinden verstärkt, begibst du dich gedanklich an einen
Ort in der Natur, an dem du gerne ganz für dich alleine verweilst – vielleicht ein Ort
am Wasser oder auf einer Wiese oder in den Bergen. – Wo immer dieser Ort des
Verweilens in der Natur ist, es ist der eigene Ort.

Und wenn du angekommen bist, dann schaue dich um an diesem Ort. – Nimm die
Farben wahr, die Jahreszeit, die Lichtverhältnisse, die Landschaft um dich herum,
höre die Geräusche, die Töne der Natur, wie sie klingen, und spüre dabei deinen
Atem, das Ein- und Ausatmen – und vielleicht kannst du dir erlauben, mehr und
mehr loszulassen an diesem Ort und einfach zu sein, da zu sein, zu genießen,
deinen Körper wahrnehmend.

Und erlaube dir, dieses Erlebnis am Wohlfühlort zu genießen, die Farben der Land-
schaft, die Umgebung, die Töne und spüre dabei deinen Körper, den Atem, und wie
es sich anfühlt, an diesem Ort in der Natur zu verweilen. – Spüre, wie ein Wohlge-
fühl sich im Körper ausbreitet, und bemerke mehr und mehr, wie sich dein Körper
anfühlt: leicht oder schwer, beschwingt, warm oder kalt, bewegt, ausgeglichen, frei
und weit oder ganz, ganz anders, auf ganz eigene Weise. Vielleicht spürst du auch
die Weite oder bist ganz bewegt. – All das genieße – jetzt, in dem Wissen, du bist
geschützt, geführt und geliebt!

Und während du genießt, lasse dir ein Symbol schenken für diesen Wohlfühlzustand
– einen Vergleich, der beginnt mit: Das ist wie …, z. B. wie am Strand auf weichem
Sand spazieren gehen oder wie in einer Hängematte liegen oder wie … Was immer
jetzt an Bild, Idee oder Komposition entsteht – es stimmt. Es hat sich entwickelt,
gezeigt, will leben. –

Danach ist es an der Zeit, zu danken: für die inneren Erlebnisse, Gedankeneinfälle,
Bilder, Stimmungen und was auch immer das Erleben war.

Und dann komme im eigenen Tempo wieder hierher zurück in diesen Raum, zu diesen
Mitschülern, spüre den Stuhl, auf dem du sitzt, und öffne die Augen.

*Atme bewusst, bewege die Hände, Füße und du bist hier im Raum mit den anderen.
Vor dir liegt ein leeres Blatt und Buntstifte.
Gib dem Gefühl am Wohlfühlort Farbe, Form, Gestalt, Worte.
Du kannst mit dem Symbol beginnen.*

*Dein Wohlfühlbild liegt vor dir und du betrachtest dein Werk. Das Bild in Wort und
Schrift ist dann fertig, wenn es dir richtig gut gefällt und du dich rundum wohlfühlst
beim Betrachten des Bildes. Es bringt dich in einen guten, inneren Wohlfühlzustand.
Immer dann, wenn du Ideen brauchst, dich wohlfühlen willst, dann erinnere dich
an dein Wohlfühlbild und neue Gedanken können fließen. So kannst du dich auf
das Lernen gut einstimmen, damit du dir den Lernstoff gut merken kannst.*

*Wenn du nach einer Lösung für einen Konflikt suchst, dann erinnere dich an dein
Wohlfühlbild, damit neue Ideen zur Lösung sprudeln – einfach mal ausprobieren,
denn Übung macht den Meister."[7]*

---

[7] Angelehnt an: Kutschera, Gundl: Tanz zwischen Bewusst-sein und Unbewusstsein.
Ein NLP-Arbeits- und Trainingsbuch, Junfermann, 2007.

■ Zaubertaschengeschichte und Hand-Auge-Blume-Geschichte

Christina Mager

Anwendungsbereich:	Deutsch-Förderunterricht, Lerncoaching
Lernziel:	Lerneinstellung ändern, sich positiv „programmieren" und bestehende Lernbarrieren überwinden, Schulung der Selbstwahrnehmung als Möglichkeit zur Veränderung, Lernstress minimieren durch neue Sichtweisen
Zielgruppe:	5.–6. Klasse
Zeitaufwand:	ca. 20–30 Minuten pro Geschichte
Material:	Schreibblock, Schreibzeug, Zeichenblock und Stifte

 ## Innere Haltung

Ich kann in mir „anderes Denken über mich selbst" anregen und negative Gedanken unterbrechen.

 ## Vorgehen

In meiner Förderkursarbeit setze ich gerne diese beiden Geschichten ein. Sie minimieren Stress und machen Mut. Die Schüler sehen sich selbst danach mit neuen Augen. Immer wieder erzählen sie mir von Testdiktaten, bei denen sie von den Lehrern neu eingeschätzt werden sollen, ob sie nun zu den Legasthenikern oder „nur" zu den Rechtschreibschwachen gehören. Diese Art „Auswahlverfahren" empfinden sie als Belastung. Oft kann ich beobachten, dass sie sich nach der Feststellung LRS als „weniger wert" vorkommen und dass sie diese Einteilung als unveränderbaren Makel empfinden. Für eine Beratung der Eltern und Kinder ist durch die Schule selten Zeit, sodass die Schüler häufig in ihrem Glauben an sich selbst erschüttert sind. Obwohl sie fleißig sind und üben, ist das weitere Produzieren von neuen Fehlern im Schulalltag für sie eine schmerzliche Angelegenheit, da sie auch glauben, dies sei nicht veränderbar. Häufig erzählen sie auch von den ersten Vokabeltests in den neuen Fremdsprachen und ihren Ängsten, auch hier, ähnlich wie im Deutschunterricht, zu versagen.

In unserer Ankommensrunde im Förderkurs berichten sie von ihren Ängsten und Sorgen, und aus diesem Grunde erzähle ich ihnen dann die „Hand-Auge-Blume-Geschichte". Sie nimmt die Augen-Hand-Koordination mit in den Focus der Betrachtung und bringt ein „Happy End". Die Kinder sehen in ihrer Fantasie ihr Spiegelbild und nehmen sich dabei neu und anders wahr. Nachdem sie in dieser Pose ihre Hände berührt, sich getröstet und ihre Augen im Spiegel betrachtet haben, erwächst plötzlich aus diesem Bild eine Blume. Sie verwandelt, verzaubert ihre Welt auf wunderbare Weise. Nach diesem Erleben berichten die Jugendlichen, dass sie ihre Hände viel stärker fühlen und auch Dankbarkeit darüber empfinden, dass ihnen Augen und Hände gegeben sind. Im Unterrichtsgespräch danach verwandelt sich die ehemals negative, von Sorgen und Ängsten geprägte Stimmung in eine positive: Ja, sie fühlen Freude darüber, dass sie wissen, dass sie gesund sind und strahlende Augen habe. Vielleicht gibt es ja auch beim Lernen einen Placebo-Effekt, wenn ihnen danach das Visualisieren von schwierigen Wörtern und die Übungen zur Rechtschreibung leichterfallen.

Die Zaubertaschengeschichte geht noch stärker auf das Verändern von Gefühlen ein und bringt auf lustige Art Verwandlungen. Ich warte auf eine Gelegenheit, wenn die Schüler wieder viel Stress haben, über die vier zu schreibenden Klassenarbeiten stöhnen, obwohl doch nur drei erlaubt seien.
Dann greifen wir zu diesem Hilfsmittel, der Zaubertasche. Mit ihrem Einsatz wollen wir die nächsten Prüfungen bestehen, die anstehenden Arbeiten mit Erfolg meistern.

Die Vorgehensweise bei beiden Geschichten ist die gleiche:
Die Einleitung erfolgt durch das sogenannte „Runterzählen" und die „Augenliderentspannung". **Der Hauptteil** besteht aus dem Erzählen der fantasievollen Geschichte, die am bekannten Wohlfühl- oder Entspannungsort stattfindet. Nach der Fantasiereise folgt durch „Heraufzählen" von eins bis fünf und dem Bewegen von Armen und Händen das **Zurückkommen ins Wachbewusstsein**. Am Ende steht die **Reflexionsphase mit der Integration der Eindrücke:** Die Schüler erzählen ihre Erlebnisse, schreiben sie auf oder malen sie.

Grundsätzliche Vorbereitung für die Fantasiereisen: Freiwilligkeit, den anderen nicht stören, bequeme Sitz- oder Liegeposition, jeder übt für sich alleine, zu Beginn achtsames Atmen oder die Faustübung und dann folgt der Gang zum idealen Entspannungsplatz durch das sogenannte „Runterzählen".
Den Wortlaut der „Hand-Auge-Blumen-Geschichte" habe ich als Anleitung für Lehrer aufgeschrieben (in starker Anlehnung an folgende Bücher: Thich Nhat Hanh: Das Wunder des bewussten Atmens; Thich Nhat Hanh: Das Glück, einen Baum zu umarmen).
Auch für die zweite Geschichte (Zaubertasche) gibt es eine Trance-Anleitung. Beide lassen sich mit anderen Stichworten beliebig für die jeweilige Lerngruppe abwandeln und frei erzählen.

Hand-Auge-Blume-Geschichte

„Ihr sitzt oder liegt ganz bequem. – Ich zähle nun von drei bis eins rückwärts: 3, 3, 3 – 2, 2, 2 – 1, 1, 1. In Gedanken könnt ihr mitzählen. – Danach geht es mit der Zehn-bis-eins-Methode noch tiefer hinunter – ihr fühlt euch wie in einem Fahrstuhl oder auf einer Rolltreppe: 10 – 9 – 8 – 7 … 1. Nun seid ihr an eurem idealen Entspannungsplatz angelangt. Dort nehmt ihr in einem bequemen Ruhesessel Platz und nun folgt eine Geschichte. –

*Entspanne deine Augenlider und konzentriere dich auf die Atmung. Du kannst zu dir selbst sagen: ‚**Ich genieße den Moment der Stille, jetzt.**'*

Gleichzeitig spürst du Bereitschaft und Neugierde, dich neuen Erfahrungen zuzuwenden. – Deine Sinne öffnen dir neue Bilder und Eindrücke, die dir helfen, im Einklang mit dir selbst zu sein. – Du löst dich von alten Vorstellungen und fühlst dich angenehm wohl und frei. – So wie wir Gegenstände, Tiere, Bäume und Pflanzen berühren können, kannst du auch dich selbst und andere berühren.

Deine rechte Hand hat deine linke Hand vielleicht schon viele Male berührt – du weißt, wie es geht. – Atme tief ein und aus und berühre mit geschlossenen Augen voller Mitgefühl deine linke Hand mit deiner rechten. – Spürst du, wie deine linke Hand in diesem Moment genau so viel Unterstützung, Zuneigung und Trost erfährt wie die rechte Hand? – Diese Übung gilt beiden Händen. – Nun mache es umgekehrt. –

Berühre mit deiner linken Hand deine rechte Hand. – Gib auch dieser Hand Unterstützung, Zuneigung und Trost. – Atme dabei tief ein und aus und dann wieder normal weiter. –

Wie fühlt sich das an? – Die beste Art des Berührens ist, es langsam und achtsam zu tun. –

Wenn du dabei Gedanken, Erinnerungen, irgendeine Form von Schmerz, Wut oder Ärger verspürst, kannst du dir jetzt selbst frischen Mut und Liebe durch die Berührung deiner Hände – auf ganz neue Art – geben. – Schicke deinen Händen liebevolle und gute Nachrichten. – Sei voller Verständnis, Mitgefühl, Freude, Zuversicht und Kraft – auch mit dir selbst.

Bedanke dich bei deinen Händen, dass sie so wunderbar und vollkommen und immer für dich da sind – beim Greifen, Schreiben, Halten, Schalten. – Spüre jede Hand neu. – Bedanke dich bei ihnen für ihre großartige Arbeit! – Fühle nun den tiefen Frieden in dir und deinem ganzen Körper.

(Pause)

*Stelle dir nun deine Augen vor. – Vielleicht siehst du in Gedanken jetzt dein Spiegel-
bild und betrachtest deine Augen. – Sie erschließen dir deine Welt. – Worauf ist ihr
Blick gerichtet? –*

*Wenn du jetzt tief ein- und ausatmest und dabei weiter an deine (blauen, braunen,
grünen) Augen im Spiegel denkst, kannst du dir sagen: ‚Während ich einatme,
bin ich mir meiner Augen bewusst, ich lächle meinen Augen zu.'*

*Mit freundlichem Blick fühlst du deine Augen liebevoll auf dich gerichtet. – Atme und
lächle dir weiter zu: lobend – ermunternd – aufmunternd – spaßig – froh. –*

*Wie veränderst du dich? – Wie siehst du deine Augen jetzt? – Atme tief und konzen-
triere dich auf jedes Auge. – Du atmest ein und aus. – Nur Mut, du wirfst ein Auge
auf dich! – Und vielleicht schauen nun beide Augen auf dein Gesicht, du siehst dich
an, zwinkere dir humorvoll zu. –*
*Spürst du dein Lächeln? – Schicke deinen Augen einen lieben Gruß. – Bedanke dich
für ihr Sehen, für ihre Weitsicht, ihre Voraussicht, ihre Draufsicht, ihre Zuversicht!*

*Mit freundlichem Blick in deine klaren Augen wird nun vor dir eine Blume erblühen.
– Diejenigen, die hier im Raum sind, und diejenigen, die dich mögen, werden auf
dich und deine Blume aufmerksam. –*

*Welche Farbe hat sie? – Ist sie groß oder noch im Wachstum begriffen? – Wächst sie
wild und ungestüm? – Oder ist sie behütet und geschützt in einem Topf? ‚Unsere
Freunde und die, die uns lieben, brauchen uns als Blumen.' – Wenn sie selbst traurig
sind und bemerken, wie froh wir selbst sind, können sie zu ihrer eigenen Blume
zurückkehren und daraus Kraft schöpfen Deshalb pflege und sorge gut für deine
Blume. – Gib ihr Mitgefühl, Liebe und Wertschätzung. – Schau, wie sie strahlt und
wächst – wie sie ihre Blüten und Blätter entfaltet. –*

*Schaue jetzt in dein Spiegelbild. – Beobachte den Glanz deiner Augen. – Betrachte
jetzt noch einmal deine Blume und lächle ihr zu. Atme tief ein und aus. –*

*Wenn du später die Augen wieder öffnest, weißt du, wie du dich und wie ihr euch
hier in der Gruppe gegenseitig stützen und stärken könnt.*

*Wenn ihr an euer „Blume-Sein" denkt, lächelt jede Zelle eures Körpers. – Dein tiefes
Atmen und dein freundlicher Blick helfen auch, dich von Sorgen und hindernden*

Gedanken zu lösen. – Denn du fühlst dich gelöst und frei. – Du siehst jeder positiven Veränderung freudig entgegen. Du spürst, die Verwandlung geht leicht. – Du lächelst dir weiter freundlich zu – wir lächeln uns zu."[8]

(mindestens eine Minute Pause)

Danach folgt die Ankündigung der „Zurücknahme" und das Heraufzählen von eins bis fünf ins Wachbewusstsein. Dabei sind Recken, Strecken, Dehnen, evtl. auch andere Bewegungen, wie das zusammengerollte Blatt, möglich. Die Auswertungs- und Reflexionsphase kann sowohl im Partnergespräch als auch als kleine Talkrunde und Murmelphase mit den unmittelbaren Nachbarn, aber auch in der Gruppe erfolgen.

Weitere Anregungen sind: die Blume malen, die erlebte Geschichte aufschreiben, Gefühle und neue Erfahrungen ausdrücken (wer möchte).

Viel Spaß Ihnen und Ihren Schülern beim Erfinden ähnlicher Geschichten und beim Lesen der folgenden **Texte**, die im Deutschförderkurs Jahrgang 5/6 entstanden:

„Ich war in einem Labor und saß in einem blauen Sessel und schaute Fernsehen. Da kam aus dem Fernseher eine Blume heraus. Sie war gelb und rot und sie half mir bei einem Diktat. Sie musste mir in Deutsch helfen und dann haben wir ein bisschen Fußball und Handball geschaut, Deutschland gegen Spanien. Sie war komisch, aber lustig."

„Ich war in meiner Hängematte, die in meinem Baumhaus ist. Da steht ein riesiger Fernseher. Ich schaute mir gerade eine Wissenssendung an. Darin kam eine Blume vor, die so groß war wie ein Mensch, und neben der Blume stand noch ein Mensch. Die Blume und der Mensch gaben sich die Hände. Sie sahen sich in die Augen und der Mensch sagte: ‚Du hast sehr schöne Augen.'"

„Ich bin in einer anderen Welt aufgewacht, die sah aus wie in dem Film ‚Alice im Wunderland'. Ich ging einige Meter weiter und auf einmal kamen lebendige Pflanzen auf mich zu. Sie sagten zu mir, ich hätte schöne Augen. Aber das war nur zur Ablenkung, damit sich die anderen Pflanzen von hinten auf mich stürzen konnten. Ich habe mich gewehrt, aber es waren zu viele. Sie haben mich zum Lernen gezwungen. Wenn ich einen Fehler machte, musste ich zwanzig Meter weit springen.

---

[8] Siehe auch: Thich Nhat Hanh: Das Glück, einen Baum zu umarmen.
  Goldmann, 1997., S. 11ff. und 21.

Das musste ich 2-mal versuchen. Als ich aber meine Fehler verbessert hatte, ließen sie mich frei und öffneten mir das Tor in die richtige Welt."

„Ich war im Unterricht und habe meine Hände angefasst. Dabei stellte ich fest, dass sich meine Hände gut anfassen. Da dankte ich ihnen, dass ich sie habe. Dann bin ich nach Hause gegangen und habe meine Augen im Spiegel angeschaut. Sie sahen wunderbar aus. Ich dankte ihnen, dass ich sie habe und dass ich noch mein Augenlicht habe. Plötzlich kam eine Blume. Sie war grün und sie war sooooo schön! Ich dankte meinem Körper, dass ich normal bin."

„Ich war an meinem Lieblingsplatz und habe meine Blume gegossen. Meine Blume kam in Sekunden herausgekrochen. Sie war blau und sagte, meine Augen sind sehr schön. Das hat mir sehr gut gefallen."

„Ich war in einem Labor und da ist aus dem Himmel eine schöne Blume gekommen. Sie hat mir einen Zettel mit Lernwörtern gegeben. Dann sollte ich die Lernwörter buchstabieren und danach bin ich aufgewacht."

Zaubertaschengeschichte

„Du sitzt oder liegst ganz bequem. Während du meine Stimme hörst, atmest du tief ein und aus – und bist mit jedem Atemzug entspannter.

Ich zähle nun mit der Drei-bis-eins-Methode und der Zehn-bis-eins-Methode rückwärts. – Fühle, wie du mit jeder absteigenden Zahl tiefer gehst. –

3, 3, 3 – 2, 2, 2 – 1, 1, 1 –

(Pause, Atmen)

10 – 9 – 8 – 7 – 6 – 5 – 4 – 3 – 2 – 1

Bei 1 bist du an deinem idealen Entspannungsplatz angelangt. – Nimm in deinem Ruhesessel Platz und empfinde die Ruhe und den Frieden in dir und in dieser Szene. –

Entspanne nun deine Augenlider. – Deine Augenlider sind nun ganz entspannt. – Es gibt nichts zu tun, nur zu atmen und zu ruhen. – Du bist hier an einem zauberhaften Ort angelangt, den du mit all deinen Sinnen wahrnimmst. – Du spürst Bereitschaft und Neugierde, dich neuen Dingen zuzuwenden und neue Erfahrungen zu machen. – Genieße deine Atempause in dieser zauberhaften Landschaft. – Du betrachtest deine Umgebung.

(Pause)

Während du noch mit deinen Augen staunend viele neue Einzelheiten siehst, ent-deckst du am Wegesrand eine alte Ledertasche. Du näherst dich ihr, um sie genauer zu betrachten – und bist ganz erstaunt, als in deiner Nähe plötzlich ein Tier oder jemand zu dir zu sprechen beginnt:

‚Diese Tasche ist für dich, nimm sie nur, sie gehört dir!'

Jetzt bist du noch neugieriger geworden. – Im Nu kommst du noch näher:

Vor dir liegt eine alte Ledertasche, wie sie früher die Briefträger der Post beim Austra-gen von Briefen benutzt haben. – Du befühlst das Leder, prüfst den Henkel und denkst darüber nach, ob du sie mitnehmen und auch tragen kannst. – Und siehe da: Es ist ganz leicht. – Schnell gehst du mit dem neuen Gepäckstück den Weg wie-der zurück – und sitzt jetzt erneut ganz gespannt in deinem bequemen Sessel. –

Du befühlst die Oberfläche mit dem alten, schon etwas abgenutzten Griff. – Du löst die Lederschnalle – drückst dann auf die beiden Metallscharniere – klappst die Lasche nach oben. – Die Tasche ist jetzt vollständig geöffnet. – Dein Blick fällt auf einen Brief, der an dich adressiert ist."

Lieber Besitzer, liebe Besitzerin,

Anbei findest du die Bedienungsanleitung und den Garantie-schein für den Inhalt deiner Posttasche.

Darin befinden sich mehrere Teile, die sehr nützlich sind: ein Paar Handschuhe, die sich beim Anziehen wie ganz neue Hände anfühlen. – Sie bringen dir das neue Greif- und Schreibgefühl. Solltest du nicht ausdauernd oder genau zu-hören können, liegt für die Ohren ein Satz Ohrenschützer für dich bereit. – Aber bitte Vorsicht bei der Handhabung! – Sie verwandeln sich beim Benutzer in eine Art Hörgerät mit Höchstleistung! – Noch vieles mehr kann in der Zaubertasche enthalten sein. – In unserer individuellen Ausrüstung findest du garantiert das Richtige für dich! –

Für einige unserer Kunden haben wir als Sonderausstattung eine Mütze beigelegt, die beim Tragen die Gedanken unterstützt und gegen Vergesslichkeit hilft. – Erwähnenswert ist auch der alte, hölzerne Griffelkasten mit einem Zauberradiergummi, der bei Bedarf ohne Aufforderung korrigiert, sowie ein Stift, der gute Ideen von selbst notiert – und ein Lineal, das gerade Striche zieht und nur richtige Ergebnisse unterstreicht. –

Du hast nun Gelegenheit, die Dinge für dich auszuprobieren. – Es macht garantiert Spaß! Wir wünschen dir viel Erfolg bei deiner Erprobungszeit! Sie beginnt jetzt!

Ca. zwei Minuten Pause, dann Zurücknahme ankündigen und Zeit lassen für die Reflexionsphase.

Hier einige „Posttaschenerlebnisse" aus der Feedback-Phase zur Geschichte von Schülern aus dem Jahrgang 5/6, Deutsch-Förderkurs:

„Ich war in einer Garage. Da waren auch andere Freunde. Sie hatten eine Posttasche. Oben am Deckel war sie schwarz und unten rot. Ich öffnete die Tasche und darin waren zwei Ohrmuscheln. Ich fand auch zwei Hände, die genauso wie meine aussahen. Dann fand ich auch zwei Augen, mit denen ich besser sehen kann. Da war aber auch eine Gehirnmütze, die habe ich auch angezogen. Mit den Ohren konnte ich besser hören, mit den Händen konnte ich besser schreiben, mit den Augen konnte ich die Lösungen besser sehen, mit dem Gehirn konnte ich mir alles merken."

„Ich war auf meinem Feld. Da kamen zwei Enten mit ihren Posttaschen. In der Tasche von der einen waren zwei Ohren. Die Ohren habe ich mir aufgesetzt. Danach habe ich alles viel lauter gehört. Aber in der Tasche der zweiten waren nicht nur Ohren, da war auch noch ein Handschuh drin. Ich habe ihn mir angezogen und ich konnte viel schneller schreiben. In der Tasche von ‚Dalli' war der andere Handschuh. Den habe ich natürlich auch angezogen. Da waren auch noch zwei Augen. Die Augen habe ich mir eingesetzt. Danach konnte ich durch Wände und Häuser schauen."

„Ich war auf einem Sandstrand und wollte gerade eine Sandburg bauen. Da kam eine Krabbe aus dem Loch und grub eine Alge aus. Darauf stand das Wort ‚schwingen'.

Die Krabbe holte einen Radiergummi heraus und sie radierte die Fehler bei den Wörtern, die auf der Alge standen, heraus. Ich verabschiedete mich von der Krabbe."

„Ich lag in meinem Zimmer, in dem ich geschlafen habe. Auf einmal zersprang mein Fenster. Eine riesige Tasche kam hereingeflogen, die hatte kleine Flügel. Ich ging gleich zum Fenster und sah eine Wolke, die in den Himmel aufstieg. Dann ging ich wieder in mein Zimmer hinein und öffnete die Tasche. Da sah ich eine Hand und einen Radiergummi. Daneben lag ein Zettel, darauf stand: ‚Das ist deine Übungshand und dein Radiergummi.' Dann schrieb ich zwei Sätze und sie waren fehlerfrei."

„Ich war mal wieder auf meinem Lieblingsplatz. Plötzlich kam ein Huhn. Es legte ein Ei. Nach 15 Minuten ging es auf, ich öffnete es. Darin lag eine Tasche und ein Zettel lag obenauf. Ich nahm den Zettel und las ihn laut vor: ‚Liebe Miera, suche ein linkes Ohr, ein rechtes Ohr, zwei Hände, sammle sie und ziehe sie an! Laufe dann, so schnell du kannst, in die Mondbergstraße 53. Du musst dann ein paar Fragen beantworten. Das ist ja nicht so schwer für dich. Dein Professor Hig-Hong.' Ich lief sofort los. Ich fand auch gleich alles in der Tasche, nur das eine war schwer, die Straße zu finden … Nach zwei Tagen fand ich die Straße. Der Professor dankte mir. Er fragte mich, wie ich es geschafft habe, aber ich sagte: ‚Das ist ein Geheimnis.'"

„Ich war draußen und spielte Fußball. Nach dem Spiel war ich so kaputt, dass ich nach Hause ging. Ich zog mir die Schuhe aus und legte mich auf das Sofa. Dann schlief ich ein. Vier Stunden später bin ich aufgewacht, da sah ich plötzlich eine Handtasche. Ich lief zu ihr hin und in Sekundenschnelle kamen eine Hand und ein Radiergummi auf mich zu. Ich zog die Hand an und schrieb alles richtig. Ich hörte plötzlich auch so gut, dass ich Töne drei Kilometer entfernt hören konnte."

„Ich lag wieder am Strand in meiner Liege. Ich wollte einen Aufsatz über Hunde schreiben. Als ich aufstand, lag eine rote Tasche im Sand. Ich schaute hinein, darin waren zwei Handschuhe. Ich zog sie an. Die Handschuhe zogen in meine Haut hinein. Dann waren auch noch ein Füller und ein Radiergummi da. Ich fing an, den Aufsatz zu schreiben. Es war alles richtig, außer einem Wort. Aber der Radiergummi kam und radierte das Wort aus und schrieb es richtig hin. Dann zog ich die Ohren an und ich hörte immer darauf, wenn meine Eltern mir etwas sagen."

„Ich war auf meinem Lieblingsplatz und das war in meinem Zimmer. Ich habe mich hingesetzt und da war auf einmal ein Tisch mit einem Heft, da stand auch eine Tasche mit einem Stift, einem Ohr, noch einem Ohr und dann war auch noch ein Radiergummi da. Der Radiergummi hat das falsch geschriebene Wort wegradiert. Dann holte ich den Stift heraus und sofort war das Wort wieder richtig. Danach habe ich die Ohren genommen, da konnte ich besser hören."

„Ich war in meinem Zimmer und machte Hausaufgaben. Da hatte ich beschlossen, eine kleine Pause zu machen, ging zum Fenster und sah ein Flugzeug. Aber das war gar kein Flugzeug, sondern eine Tasche. Die Tasche hat mein Fenster zersprengt. Ich sah in sie hinein, da waren Hände, Ohren, ein Stift und ein ‚Ratschie'. Als Erstes habe ich die Hände anprobiert und danach die Ohren. Ich konnte sehr weit hören und sehr gut schreiben. Wenn ich einen Fehler machte, hat mich der magische ‚Ratschie' korrigiert."

NLP ist kinderleicht

Gudrun Heinrichmeyer

Anwendungsbereich: Stressmanagement

Lernziel: Stressreduktion im Allgemeinen und bei Arbeiten im Speziellen

Zielgruppe: Lehrer und Schüler aller Altersgruppen

Zeitaufwand: 20 Min.

Material: keines

 Innere Haltung

Zuversicht, unbedingte Wertschätzung, Selbstverantwortung, sprachliche Präzision und gute Beobachtung der Schüler beim Durchführen der Übung hilft dabei, den Anker genau zu setzen, sodass der installierte Ressource-Anker zuverlässig funktioniert.

Vorbemerkungen

Im Gymnasium meines Sohnes ist Projektwoche und ich habe mich bereiterklärt, mit Schülern unterschiedlicher Jahrgangsstufen Entspannungstechniken und Stressmanagementübungen durchzunehmen und vor allem praktisch einzuüben.

Zu meinem Kurs kommen Schüler im Alter zwischen 12 und 19 Jahren – also eine recht heterogene Gruppe.

Da zu der Projektwoche natürlich auch eine Projektpräsentation gehört, überlegen wir gemeinsam, was die Schüler denn am Projekttag anbieten können. Die Schüler kommen zu dem Schluss, dass sie einerseits ihr neu erworbenes Wissen auf Plakatwänden präsentieren möchten, andererseits natürlich auch Eltern und andere Schüler in den Übungen der erlernten Techniken anleiten möchten.

Wir üben an den vier Tagen unterschiedliche Entspannungs- und Stressmanagement-Techniken zunächst ein und die Schüler erlernen darüber hinaus, einen oder mehrere Partner anzuleiten.

Unter anderem üben die Schüler das Ankern angenehmer Gefühle.

Beim Ankern angenehmer Gefühle geht es darum, einen angenehmen Zustand frei nach Wahl in Zukunft absichtlich hervorrufen und nutzen zu können. Ich kann z. B. erlernen, „auf Knopfdruck" gelassen und mutig zu sein. Wenn ich das beherrsche, kann ich z. B. bei Tests, bei denen ich bisher immer aufgeregt war, diesen „Gelassenheits- und Mutknopf" nutzen, um auch im Test gelassen und mutig zu sein. Das ist sehr attraktiv für Schüler, die bisher Probleme mit Prüfungsangst und Blackout hatten.

Gegen Ende der Woche wählten die Schüler ihre persönlichen Angebote für die Projektpräsentation aus. Zu meinem Erstaunen meldete sich der jüngste Teilnehmer ganz selbstverständlich und erklärte, dass er gerne allen interessierten Eltern und Schülern das Ankern angenehmer Gefühle beibringen möchte, weil das ja schließlich für jeden Menschen nützlich wäre. Ich war beeindruckt von seinem Mut und gespannt, wie er seine Aufgabe meistern würde.

Der Projekttag rückte näher und mein jüngster Teilnehmer schrieb auf ein Plakat:

> *Angenehme Gefühle „auf Knopfdruck"*
> *Lernen Sie, wie sie sich jederzeit so fühlen können,*
> *wie Sie es möchten!*

Am Projekttag wurden viele Eltern, Lehrer und Schüler neugierig und wollten das Ankern angenehmer Gefühle erlernen. Mein jüngster Teilnehmer übernahm diese Aufgabe souverän – sowohl in Einzelarbeit als auch mit ganzen Gruppen von Erwachsenen. Alle Interessenten gingen mit einem funktionierenden Anker nach Hause. Ich bin stolz auf ihn und denke mir: NLP ist wirklich kinderleicht.

➪ Vorgehen

Und so können Sie das Ankern angenehmer Gefühle bei Ihren Schülern anleiten: Erklären Sie zunächst, was Ihre Schüler durch das Ankern angenehmer Gefühle erreichen können (z. B. Prüfungen in Zukunft gelassen schreiben) und wie die Prozedur genau funktioniert:

„Die Übung funktioniert in zwei Schritten: Zunächst erlernt das Gehirn durch gleichzeitiges Erleben eines angenehmen Zustandes und eines Drucks am Körper, dass beides zusammengehört. Das hat zur Folge, dass nach diesem kurzen Lernprozess das angenehme Gefühl durch Drücken auf die betreffende Körperstelle automatisch ausgelöst wird. Hat das Gehirn diese Kopplung einmal erlernt, geht es nur noch darum,

das angenehme Gefühl da auszulösen, wo es gebraucht wird – alles andere funktioniert automatisch.

Mentales Training wird euch helfen, das angenehme Gefühl dorthin zu transportieren, wo ihr es in Zukunft benötigt."

Anweisung zur Übung

1. Festlegen des erwünschten Zustandes
   „Welchen Zustand (Ruhe/Gelassenheit/Mut/Freude/Spaß …) hättest du gerne ‚auf Knopfdruck' zur Verfügung?"
2. Festlegen einer Stelle am Körper, die unauffällig und jederzeit ohne großen Aufwand gedrückt werden kann
   „Lege nun eine Stelle an deinem Körper fest, die du jederzeit unauffällig drücken kannst – z. B. das Handgelenk oder den keinen Finger oder wo auch immer du möchtest. Hast du die Stelle festgelegt?"
3. Hervorrufen des Zustandes durch Erinnerung an eine Situation, in der der Zustand zur Verfügung stand
   „Erinnere dich nun an eine Situation, in der du in diesem angenehmen Zustand warst. – Schlüpfe wieder ganz in die Situation hinein und tue so, als wäre sie jetzt. – Was genau siehst du? – Was genau hörst du? – Was genau riechst und schmeckst du? – Wie genau fühlt es sich an und wo genau nimmst du dieses angenehme Gefühl in deinem Körper wahr?"
4. Kopplung zwischen Druck auf Körperstelle und angenehmem Gefühl herstellen (ankern)
   „Drücke nun die von dir gewählte Stelle deines Körpers immer dann fest, wenn deine Erinnerung an die Situation besonders stark ist, wenn du das Gefühl besonders gut wahrnimmst. – Löse den Druck, wenn deine Erinnerung schwächer wird. – Passe die Intensität des Drucks immer an die Intensität deiner Erinnerung an. – Nimm dir dafür eine Minute Zeit, dich zu erinnern und gleichzeitig zu drücken. – (1 Min. Zeit lassen) – Löse nun den Druck und orientiere dich wieder hierher in den Raum."
5. einen neutralen Zustand herstellen
   „Bewege dich nun, stehe auf, gehe einen Moment umher und blicke dich um, höre, was es zu hören gibt, zapple ein bisschen, um wieder in einen neutralen Zustand zu kommen und gehe nun zurück an deinen Platz."
6. den Anker testen
   „Drücke nun die Stelle, die du gerade zum Ankern gedrückt hast, auf genau dieselbe Weise wie gerade. Lasse deinem Körper einen Moment Zeit, zu reagieren, und achte darauf, was geschieht. – Was nimmst du wahr? Kehrt das Gefühl von eben wieder oder die Erinnerung an die angenehme Situation?"
   Gewöhnlich fällt dieser Test positiv aus – falls nicht, ankern Sie noch einmal.

7. den Anker schon heute in der Zukunft nutzen (mentales Training)

   „Denke nun an eine Situation in der Zukunft, in der du diesen Anker gut gebrauchen kannst und drücke dabei deine Körperstelle. – Was wird anders, wenn du auf diese Weise an die Situation denkst?"

   Lassen Sie sich einige Antworten geben und wiederholen Sie die Anwendung des Ankers in der Zukunft mindestens 3-mal, damit sich neue Bahnen im Gehirn bilden.

8. den Anker gezielt bei Arbeiten einsetzen

   Als Lehrer können Sie nun Ihre Schüler natürlich auch bei passender Gelegenheit (Klassenarbeit/Abfragen etc.) an den Anker erinnern.

■ Spickzettel

Herbert Just

Anwendungsbereich:	vor Klassenarbeiten und Prüfungen
Lernziel:	Vorbereitung auf Klassenarbeiten
Zielgruppe:	ab mittleren Jahrgangsstufen
Zeitaufwand:	15 Minuten
Material:	DIN-A4-Blatt

 Innere Haltung

Bereitschaft, alte Denkmuster zu verlassen

Vorbemerkungen

Spickzettel gibt es, seit es Schule und schriftliche Prüfungen gibt.
Im Grunde ist es ein uraltes Spiel zwischen Lehrern und Schülern, bei dem die Schüler versuchen, heimlich an Informationen zu kommen, und die Lehrer versuchen, das zu verhindern. Wird ein Schüler auf frischer Tat ertappt, gewinnt der Lehrer – wenn nicht, gewinnt der Schüler.
Wenn die Tat aber nicht ganz frisch ist und die Indizien nicht ganz eindeutig sind, wird es schwierig für beide Seiten. Selbst wenn ein Lehrer solch einen Spickzettel erbeutet hat, sagt das noch lange nicht aus, dass dieser auch vom Schüler benutzt wurde.

Betrachtet man Spickzettel mal mit einem nüchternen Blick, so stellt man fest, dass ein guter Spickzettel viele intelligente Merkmale enthält, die man sonst immer im Unterricht fordert:

> ✗ Wegen der geringen Größe muss man die Inhalte knapp formulieren und zusammenfassen.
>
> ✗ Nur wesentliche Informationen dürfen enthalten sein.
>
> ✗ Wichtige Informationen muss man hervorheben.
>
> ✗ Man muss sauber schreiben und gut gliedern, damit man im Ernstfall schnell an die Informationen kommt.

⇨ Vorgehen

Häufig berichten Schüler mit einer gewissen Enttäuschung in der Stimme, dass sie den Spickzettel gar nicht gebraucht haben, weil sie alles wussten. So kam ich auf die Idee, spickzettelfreundliche Prüfungen zuzulassen, d. h., die Schüler durften ganz offiziell ihre Spickzettel benutzen. Die einzigen beiden Beschränkungen lagen darin, dass jeder nur seinen eigenen Spickzettel nutzen und eine bestimmte Größe nicht überschritten werden durfte. Vor Beginn der Prüfung mussten dann die Schüler ihre offiziellen Spickzettel vorzeigen und ich habe überprüft, ob die Vereinbarungen eingehalten wurden. Zu große Zettel habe ich einkassiert.

Die Arbeiten wurden wirklich besser, obwohl ich die Fragestellungen so gestaltet habe, dass schlussfolgern, begründen, abwägen im Vordergrund der Prüfung stand – also Dinge, die ein Spickzettel nur schwer abbilden kann.

Ausgetrickst haben mich die Schüler trotzdem. Eines Tages stellte ich fest, dass ein Schüler zwei Musterspickzettel entwickelt hatte, die er kopierte und an seine Mitschüler verteilte oder möglicherweise auch verkaufte. Ich denke, in diesem Fall hat der Schüler gewonnen.

■ Lernplakat und Motivationssprüche

Christina Mager

Anwendungsbereich: Die Anfertigung von Lernplakaten kann in allen Lern-
fächern individuell, in kleinen Lerngruppen, aber auch
im Klassenverband erfolgen. Die Schüler sind in der
Regel sehr motiviert, wenn es darum geht, sich gut auf
Klassenarbeiten, Vorträge oder Referate und Präsen-
tationen vorzubereiten.

Lernziel: Vertiefung und Verankerung von Lerninhalten mit
dem Blick auf das Wesentliche, Fähigkeit zur kreativen
Gestaltung, sich dabei selbst motivieren und positive
Anweisungen geben, Anfertigen von bildhaften
Gedächtnishilfen, Fähigkeit, in Bewegung zu lernen

Zielgruppe: 5.–12. Schuljahr

Zeitaufwand: 3 Schulstunden

Material: DIN-A2-Plakatkarton, Schere, Kleber, farbige Papiere
und Stifte, Bildmaterial, Zeitungsausschnitte, Diagramme,
Fotos etc.

 Innere Haltung

Bewusstmachen der eigenen Kreativität und Fähigkeiten, Verstärkung des eigenen Selbstbildes, Setzen von positiven Ankern im Klassenzimmer und zu Hause

⇨ Vorgehen

Es folgen Anregungen zur Durchführung in den Jahrgängen 5/6 im Förderkurs
Deutsch mit Schülerarbeitsblatt.

Je nach Thema kann wahlweise vorgegangen werden, hier einige Beispiele:
Die „**konservativ-kognitive**" Einführung gestalte ich mit allgemeinen Informa-
tionen über das Lernplakat als Selbstlernmaterial. An der Tafel sind einige Stich-
worte zum Thema vorbereitet, die Begriffe dazu werden erklärt. Beispiele zur
Anfertigung werden gemeinsam im Lehrer-Schüler-Gespräch mit Hinweisen,
Vorwissen und vorherigen Erfahrungen der Schüler erarbeitet. Mitgebrachte
Beispiele fertiger Plakate können als Ergänzung dienen. Ein gemeinsames
„Durchspielen" eines Themas kann anhand einer Buchvorstellung erfolgen.

Der „**kreativ-emotionale**" Einstieg geschieht durch eine Fantasiereise, wodurch die bildhafte Vorstellung geschult und geübt wird. Es wird indirekt bewegtes Lernen trainiert, wie man sich in Bewegung einen Text mental und real einprägen kann. Die Schüler erzählen unmittelbar im Anschluss daran ihre Erlebnisse und schreiben sie auf. Erst danach fertigen sie ein Lernplakat zu ihrem Wunschthema an.

Eine Mischung aus beiden Einstiegen ist möglich, auch der Einsatz von imaginären Helfern bei Sachthemen in nachfolgenden Unterrichtsstunden: Es werden zusätzliche Ergänzungen und Anregungen aus dem jeweiligen Deutschbuch genutzt, ein naturwissenschaftliches Thema ausgewählt (Regenwald, Niederschläge, Vulkanismus), Buchvorstellungen oder Referate verabredet, Merkmale zum Thema ergänzt (Vorlage Arbeitsblatt mit einer Anleitung für die Schüler, weitere Plakatbeispiele).

Das Lernplakat: Lernfutter für den Kopf und ein Merkzettel für Riesen?

Das vorliegende Beispiel stammt aus der **Deutsch-Förderkurs-Praxis in der Jahrgangsstufe 5**.
Die Schüler wollten das Lernplakat für die Vorbereitung der nächsten Deutscharbeit zum Thema Hund nutzen. Sie waren sehr unsicher, wie sie sich auf diese Klassenarbeit vorbereiten sollten, weil ihnen der Lernstoff sehr umfangreich vorkam. Vor allem wussten sie nicht, ob sie für ein Diktat oder für einen Aufsatz mit Fragen lernen sollten. Zur Freude der Kinder wurde an ihrem idealen Entspannungsort in Gedanken eine sogenannte „Gedächtnisambulanz" installiert. Dem berühmten „Professor Waul", einem klugen Ratgeber und allwissenden Freund, legte ich den nachfolgenden Trance-Text in den Mund. Der Helfer in Hundegestalt sprach und gab dabei Tipps und Anweisungen. Danach war genügend Zeit, den Mitschülern ihre Erlebnisse mitzuteilen, diese aufzuschreiben und ihr eigenes Lernplakat zu gestalten. Mein mitgebrachter kleiner, mürrisch aussehender Hund war nicht nur „Gedächtnisspezialist", sondern auch Freund, Trainer und Berater der Kinder. Sie suchten ihre Lieblings- und Entspannungsplätze selbstständig auf durch das sogenannte „Runterzählen" und Atmen.

Jeder gab mir ein Zeichen mit seiner Hand, wenn er angekommen war. Es war erfreulich, dass sich die Schüler so tief darauf einließen. Sie nutzten die Geschichte mit den teils komisch wirkenden Anregungen und setzten sie erfolgreich für ihre Zwecke mit eigenen Motivationssätzen um.
Nach der Klassenarbeit berichteten die Schüler von ihren sensationell guten Ergebnissen. Der nachfolgende Trance-Text ist eine Anregung und kann, je nach Thema, kreativ abgewandelt werden.

Fantasiereise

„Du sitzt oder liegst bequem in deiner Hängematte oder deinem Baumhaus an deinem idealen Entspannungsort. – Du erinnerst dich, wie entspannt du gestern Morgen so kurz vorm Aufwachen warst. – Du warst wach und gleichzeitig sehr entspannt. – Du fühltest dich aufmerksam und frisch wie ein Fisch – auch kurz bevor du eingeschlafen warst. – Am Abend davor hattest du so einen ähnlichen Wohlfühlzustand und spürtest möglicherweise eine leichte Schwere in deinen Armen und Beinen.

Und vielleicht kennst du ja solche angenehmen Momente auch von anderen Situationen – so wie jetzt. – Es gibt nichts zu tun, nur zu atmen und zu ruhen. –

Du atmest ein und aus. – Dein Atem fließt ruhig und gleichmäßig. – Während du meine Stimme hörst, erscheint auf deiner geistigen Leinwand die Gestalt eines allwissenden Freundes, die dir sehr merkwürdig und gleichzeitig sehr vertraut und bekannt vorkommt. –

Während du dich noch über das komische Aussehen wunderst, hörst du den Klang seiner Stimme und bist ganz neugierig, als dein Freund und Ratgeber zu sprechen beginnt:

*‚**Dir gefällt es nicht, wenn du immer wieder etwas lernst und es gleich wieder vergisst?** – Dann mache dir ein Plakat, hänge es an einer Stelle auf, die du gut siehst und an der du oft vorbeigehst, wenn du durch die Wohnung läufst.*

*Achte auf deinen Gang und wirf den Blick bewusst auf das Plakat – so, als ob du es zum ersten Mal sehen würdest. – Sei überrascht, was da steht, und nimm das Geschriebene in dir auf. – **Dein Kopf-Computer** registriert die Wiederholung in deinem Gehirn und die Festplatte **speichert die Daten**. – Probiere es mit einem Thema aus und später kannst du sogar mehrere Teile ergänzen, sodass der Inhalt umfangreicher wird.*

Benutze Farben und einprägsame Sätze.

Ergänze Bildern und Zeitungsausschnitte oder fertige eine Mindmap dazu an.

*Erinnere dich an eine Zeit, als dir Spickzettel halfen, das Wesentliche kurz zusammenzufassen. – Es ist nichts anderes, nur in Großformat – und hängt dauerhaft in deinem Kopf, bleibt länger frisch und du hast **Futter für dein Gehirn zum Einprägen**.*

Es freut sich, wenn du daran denkst, neue Teile zu ergänzen. – Sie gehen den Weg des Erkennens und Wiederholens. – Verkümmert mal ein Thema, lässt du nicht zu, dass es verloren geht. – Du weißt ja, die Muskelkraft wird ähnlich aufgebaut. – Tägliches Training und die richtige Ernährung verstärken die sportlichen Leistungen. – Genauso geschieht das auch hier.

In diesem Moment siehst du, wie dein Plakat entsteht und sich immer weiterentwickelt – geschrieben wie von Zauberhand. – Du ergänzt, fotografierst, probierst, studierst neu, gehst umher, findest Informationen, bist in Bewegung, greifst, begreifst. – Also lauf los und fange an. –

*Damit **unterstützt du dein Gedächtnis und lernst in Bewegung**. – Das ist dein sicherer Weg zum Erfolg! – Du kannst auch noch **Eselsbrücken und Motivationssprüche hinzufügen**, wie ‚Wer glaubt, der kann!' oder ‚Ich schaffe das!', ‚Das kann ich auch!', ‚Mathe ist super!' und ‚Ich habe eine Eins!', ‚Ich bin Nummer Eins!' – Das kannst du gleichzeitig fühlen und denken, wenn du daran vorbeigehst und die Worte auch in dir fühlst, ‚Probieren geht über Studieren' und umgekehrt. –*

Schaue auch im Lexikon und im Wörterbuch nach**, falls du unsicher bist, wie ein Wort geschrieben wird. **Schreibe sauber und klar.

***Füge ein Datum hinzu. Bis wann willst du den Inhalt beherrschen?** – Da bist du gut in der Zeit und hast Lücken für´s Wohlbefinden!*

*Lache, wenn du fertig bist mit allem. **Freue dich vorher schon, wenn du Erfolg spürst.** – Mache dir auch **innere Bilder von deinem Plakat** – zwischendurch wenn du irgendwo in der Schlange stehst und wartest, wenn du wieder einmal sehr entspannt oder kurz vorm Einschlafen bist. – Nimm es mit in deine Träume. –*

***Sei erfinderisch und kreativ** bei der Gestaltung. Entwickle Freude beim Tun! – Suche dir witzige Plätze für deine Plakate aus. – Befreie dich von dem Gedanken, dass du zu sehr ‚ölst'. – Lasse die Kommentare von deinen Freunden abprallen und hilf ihnen, es auch zu tun. – Merke dir: ‚Wer prägt, der trägt.' – oder: ‚Wer fault, der jault!' – Es ist ja egal, wie komisch dir die Sprüche einfallen – nur wirken sollen sie! – Was du tust, mache mit frohen Gedanken! Dein Professor Waul – viel Spaß!'"*

Meines Erachtens gingen die Anregungen in dieser Fantasiereise weit über das technische Know-how zur Anfertigung eines Lernplakates hinaus. Die von den Schülern angefertigten Erlebnis-Niederschriften sprachen für sich. Sie zeigten positive Veränderungen von Einstellungen und Haltungen. Das belegten auch die guten Ergebnisse der Klassenarbeit.

Hier einige Beispiele: „Meine Lernwerkstatt"

Professor Waul im Lernhaus

„Ich hatte gerade Schule aus und ging nach Hause. Als ich durch unsere Haustür ging, war ich direkt in meinem Lernhaus.
Dann ging ich durch die erste Tür. Da sah mich Herr Professor Waul und wir schrieben zusammen ein Diktat. Herr Professor Waul sagte dann zu mir: ‚Moritz, du hast eine Drei geschrieben, du musst noch ein Diktat schreiben!' Dann schrieb ich ein zweites Diktat und er sagte zu mir: ‚Moritz, dieses Mal hast du eine Zwei geschrieben!' Danach bastelten wir zusammen ein Lernplakat. Als wir fertig waren, sagte der Professor: ‚Gut, es ist Zeit, dass du jetzt zu meinem Freund gehst!' Als ich dort ankam, fragte er mich: ‚Warum muss ich dir helfen?' Doch dann machte er mit mir ein Wörterplakat. Auf einem Text steht: ‚5 ,6, 7, 8, ohne Pracht, keine Macht'. Dann wurde es Abend und ich ging nach Hause."

Ein Satz von Professor Raoul

„Ich war in meinem Lernzimmer. Professor Raoul hat gesagt, dass der Englischtext gut ausgefallen ist bei mir. Ich habe mich gefreut.
Später sagte er zu mir: ‚Du brauchst einen Satz, der dir hilft, zum Beispiel: Du bist die Eins und bleibst die Eins!' Ich bedankte mich und ging heim."

Besuch bei Freunden

„Ich war in der Schule. Danach hatte ich Schule aus. Dann ging ich in meine Lernwerkstatt, ich besuchte Dr. Waul. Ich lernte sehr viel mit ihm, z. B. Diktat und Vokabeln. Es machte mir viel Spaß.
Er und ich gingen zusammen zu einem anderen Freund. Er fragte mich, wie ich in der Schule bin und draußen mit Freunden. Dann nannte er mir ein paar Sätze: ‚Ich finde Mathe super!', ‚Ich habe eine Eins geschrieben!', ‚Nimm nicht die Kommentare von Freunden an!'
Zum Abschied ging ich nochmals zurück zu Herrn Waul und er gab mir ein Buch mit Tipps für mich zu Hause. Ich lief nach Hause und lernte mit meiner Mutter noch Vokabeln."

Vorlage

Anleitung für Schüler als Arbeitsblatt oder Tafelbild:

Das Lernplakat: Selbstlernmaterial und Merkblatt für Riesen:

- Wenn du dir etwas über längere Zeit merken willst, schreibe es auf dein Plakat.
- Hänge es an einem für dich gut sichtbaren Platz auf, wo du es oft lesen kannst.
- Alles, was du dir merken willst, schreibe in lesbaren Stichworten.
- Benutze den Duden und achte auf die Rechtschreibung.
- Überklebe Fehler mit einem Papier.
- Notiere das Wesentliche, verwende die richtigen Sachbegriffe, auch Mindmaps sind möglich.
- Benutze Farben und einprägsame Sätze.
- Füge Bilder, Grafiken, Fotos, Überschriften hinzu, die du auch mit Abstand gut erkennen kannst.
- Sei erfinderisch und kreativ! Verwende Eselsbrücken und Motivationssprüche.
- Lege das Datum fest, bis wann du den Lernstoff beherrschen willst.

Literatur

✗ Arbeitsgemeinschaft Lernmethodik: **Gewusst wie** – Bewährte Lerntipps für Schülerinnen und Schüler ab Klasse 5. Deutscher Sparkassen Verlag, 1992.

✗ Endres, Wolfgang: **111 starke Lerntipps.** Pfiffige Ideen für den Lernerfolg. Beltz, 2004.

Visualisierungsübung bei Prüfungsangst

Maria Hublitz

Anwendungsbereich: Prüfungsvorbereitung
Lernziel: Prüfungsangst überwinden
Zielgruppe: Schüler, Erwachsene, keine Einschränkungen
Zeitaufwand: 15 Minuten
Material: keine

 ## Innere Haltung

Mit Hilfe einer Visualisierung, die die Schüler als Fantasiereise vor der Abiturprüfung öfter durchführen und die wie ein Film im Innern abläuft, kann die „schwierige" Prüfungssituation vorweggenommen werden. Je präziser sie sich die Situation vergegenwärtigen, desto größer ist die Imaginationskraft der Bilder. Die Schüler haben die Situation bis zum Abitur mehrfach durchgespielt und haben schließlich bei der Prüfung mehrere Handlungsmöglichkeiten zur Verfügung. Die mentale Vorbereitung der Prüfungssituation, die sie Schritt für Schritt durchlaufen, steigert ihre Fähigkeit, Probleme zu lösen. Während die Schüler gedanklich den Prozess durchlaufen, können sie z. B. probeweise innere Widerstände überwinden. Darüber hinaus können sie Schwierigkeiten auf dem Weg vorab erkennen und Ideen entwickeln, wie sie diese überwinden können. Wenn die Schüler gespannt, aber zuversichtlich sind, haben sie die nötige Kraft und Energie zur Verfügung, um sich schwierigen Aufgaben zu stellen.

 ## Vorgehen

„Stelle dir vor, du sitzt im Kino und vor dir auf der Leinwand siehst du dich am Tag der Notenbekanntgabe für das Abitur. Alles ist super gelaufen, du hast den von dir gewünschten Notendurchschnitt erreicht! Ein Gefühl von Freude und Stolz überkommt dich, deine ganze Vorbereitung, deine Kräfte und deine Fähigkeiten haben dich zum Erfolg geführt.
Nun spulst du den Film bis zum Tag der Abiturprüfung zurück und kannst erkennen, wie alles so gekommen ist.
Und während der Film auf der Leinwand nun langsam rückwärts läuft, siehst du dich am Tag der Abiturprüfung.

Du hast dich optimal auf die Abiturprüfung in BWR vorbereitet und alle notwendigen Aufgaben zur Vorbereitung gelöst. Du gehst ganz gelassen zum Prüfungsraum, siehst dich um und findest den dir zugewiesenen Platz, der optimal für dich ist. Du setzt dich hin und legst alle notwendigen Sachen (Ausweis, Taschenrechner, Stifte, Getränk, etwas zu Essen, deinen Glücksbringer) auf deinen Tisch. Die Lehrkraft verteilt die Prüfungsaufgaben. Ruhig und gelassen gehst du an die Lösung der Aufgaben heran. Beim ersten Durchlesen erkennst du die einfachste Aufgabe, mit der du beginnen wirst. Du hast die ganze Zeit die Uhr im Blick und bearbeitest konzentriert die einzelnen Aufgaben.

Wenn dir zwischendurch eine Lösung nicht sofort einfällt, wendest du deine Strategie an: Du lehnst dich zurück und nimmst einige tiefe Atemzüge. Ruhig und gelassen rückst du innerlich ein wenig weg von der Aufgabe, besteigst in Gedanken einen Helikopter und schaust die Aufgabe von oben an.

Du erinnerst dich an all die im Unterricht gelernten Methoden und Hinweise:

✗ *Worum geht es hier?*

✗ *Wie ist die Aufgabe strukturiert?*

✗ *Was ist gefragt?*

✗ *Wie soll die Antwort ausfallen?*

Nachdem du von oben ganz leicht die Übersicht wieder gewonnen hast, machst du mit der Aufgabe weiter. Sobald du alle Aufgaben bearbeitest hast, nimmst du einen tiefen Atemzug und gehst alle Angaben noch einmal durch und stellst sicher, dass du keine Aufgabe übersehen hast. Du hast alles in der vorgegebenen Zeit bearbeitet und kannst am Ende der Prüfungszeit deine Unterlagen abgeben.

Nun bleibst du noch einige Minuten entspannt im Kino sitzen, streckst und räkelst dich und kehrst allmählich wieder in die Realität zurück."

Stressdown-Quickie – Ritual vor schriftlichen Leistungsnachweisen

Maria Hublitz

Anwendungsbereich:	Ritual vor schriftlichen Leistungsnachweisen
Lernziel:	Stressabbau vor schriftlichen Leistungsnachweisen
Zielgruppe:	Schüler, Erwachsene, keine Einschränkungen
Zeitaufwand:	3–5 Minuten
Material:	keines

 ## Innere Haltung

Eine der kürzesten und effektivsten Methode, den Schülern beim Stressabbau vor Klassenarbeiten zu helfen, wird hier vorgestellt – weg vom Stress, hin zu positiven Gefühlen. Nur in einem entspannten Zustand sind die Schüler in der Lage, gelerntes Wissen abzurufen und sich auf ihre Arbeit zu konzentrieren. Daher ist es wichtig, dass die Schüler Strategien lernen, wie sie in einen entspannten Zustand kommen.

 ## Vorgehen

Erfahrungsgemäß sind meine Schüler (12./13. Klasse) vor Schulaufgaben und anderen schriftlichen Tests immer sehr aufgeregt und nervös. Nicht selten höre ich bei der Besprechung der Aufgaben: *„Ich hatte einen Blackout!"* Aus der Hirnforschung wissen wir, dass das Gehirn unter Stress und Anstrengung nicht optimal funktionieren kann.

Ich führe vor jedem schriftlichen Leistungsnachweis folgende Übung durch: Wenn die Schüler alle auf ihren Plätzen sitzen, mache ich gemeinsam mit ihnen eine kurze Atemübung, da Atmen in Stress-Situationen beruhigt.

Anleitung:
„Atmen Sie tief durch die Nase ein und zählen Sie dabei so weit Sie kommen.
Halten Sie jetzt den Atem genau so lange an.
Atmen sie durch den Mund aus und zählen sie dabei doppelt so weit wie beim Einatmen."

5- bis 10-mal wiederholen!

Zusätzlich wende ich die in diesem Buch beschriebene Faustübung (siehe Seite 118) zur Entspannung an.

Während ich dann die Aufgabenblätter verteile, klopfen die Schüler ihre Thymusdrüse (Gorilla-Punkt) auf dem Brustbein. (Der Begriff kommt aus dem EFT, „Emotional Freedom Techniques", und wird so genannt, weil sich die Gorillas so gegen die Brust klopfen, um mehr Selbstvertrauen zu erlangen.) Ich händige den Schülern dabei die Aufgaben gegen ein Lächeln aus. Auch wenn das Lächeln manchmal etwas gequält kommt, ist die Stimmung doch gleich entspannter, da Lächeln ein wirkungsvolles Stärkungsmittel für Leib und Seele ist.

Ich wünsche mir …

Alexandra Lux

Anwendungsbereich:	Störungen
Lernziel:	wertschätzendes Feedback geben
Zielgruppe:	alle Altersgruppen
Zeitaufwand:	je nach Konflikt und Größe der Gruppe
Material:	evtl. Redestab, Redestein etc.

Innere Haltung

Störungen in Gruppen gebe ich den Vorrang, da sie sonst unterschwellig weiteres Vorgehen erschweren. Ich trenne dabei das störende Verhalten von der Person – es ist nur eine Handlung, kein Persönlichkeitsanteil! Nehme ich die Störungen bewusst wahr, schütze ich somit die Gruppe. Ich traue den Gruppenmitgliedern zu, ihr Befinden zu äußern und mute dem „Störer" zu, zu erkennen, wie sein Verhalten nach außen wirkt. Dabei schätze ich selbst Störungen als wertvoll und nehme mir die Zeit zum Hinsehen und Hinhören. In dieser Übung führe ich die Gruppe und handle nach dem Modell der gewaltfreien Kommunikation nach Marshall Rosenberg. Hier geht es darum, ehrlich und klar sowie ohne Vorwurf Konflikte zu lösen. In vier Stufen (Beobachtung der Situation, meine Gefühle dazu, meine Bedürfnisse in dieser Situation, mein Wunsch an den Anderen) stelle ich meine Sichtweise dar.

Vorgehen

Besonders auffällige Kinder setzen sich wie automatisch in meine Nähe. In Gruppenarbeiten sitze ich gerne im Kreis, auch gerne auf dem Boden. In einem Kurs „Leichter lernen" hatte ich zwölf Erst- bis Drittklässler. Ein Junge wurde mir schon im Vorfeld als sehr auffällig und bewegungsfreudig geschildert – obwohl ich mir gerne selbst ein Bild von den Menschen mache, mit denen ich arbeite.

Genau dieser Junge saß also im Kreis neben mir. Er fiel mir gleich durch seine Lebendigkeit und Wachheit sowie seine extreme Wendigkeit im Beobachten und Mitdenken auf. Kommentare konnte er natürlich nicht gut für sich behalten. So kam es mit der Zeit, dass Gesprächsrunden sehr mühsam und mürrisch

wurden. Ich unterbrach die Runde, als sich ein Kind offen beschwerte, und überprüfte meine Beobachtung, dass es kaum jemandem gerade so richtig gut ging und einige ziemlich sauer waren. Ich gab jedem Einzelnen die Möglichkeit, zu sagen, **was** ihn störe und was er sich **wünschte**, damit es ihm wieder gut ginge. Dabei achte ich ganz genau darauf, dass die Aussagen mit großer Wertschätzung formuliert werden. Ein Kind äußert z. B: *„**Mich** stört, dass wir ständig unterbrochen werden, dadurch kann **ich** gar nicht richtig zuhören. **Ich wünsche** mir, dass jeder ungestört aussprechen darf."* Solche Äußerungen gewöhnen sich die Kinder sehr schnell an, zu Beginn unterstütze ich durch gezielte Fragen: *„Was stört **dich** gerade? Was brauchst **du**, damit du dich wohl fühlst?"*
Auch achtete ich bei den Äußerungen der Schüler, dass das störende Verhalten beschrieben wird. (Diese Vorgehensweise ist der gewaltfreien Kommunikation von Marshall Rosenberg angelehnt.)
Durch meine Präsenz und den leichten Kontakt meiner Hand auf dem Rücken des quirligen Jungen signalisierte ich ihm, dass er geschützt ist.

Der Junge hörte höchst aufmerksam und neugierig zu. Seine Aufgabe war es, kommentarlos zuzuhören, was er gut durchhielt. Zum Schluss durfte auch er sich äußern, was er braucht, dass es ihm gut geht. Durch diese Runde hatte er die Chance, zu erkennen, welches Verhalten seine Mitschüler stört und welche Bedürfnisse sie haben.

Die Unterbrechung meines „Programms" für diese Störung war sehr wohltuend für die ganze Gruppe, da dann ohne Ermahnungen von mir wieder Ruhe und aufmerksame Arbeitsatmosphäre herrschte. Immer wieder gab ich während des 4-tägigen Kurses diese Möglichkeiten. Die Abstände dazwischen wurden immer länger.
Der Junge hatte auch stets die Möglichkeit, sich eine „Auszeit" für sich zu nehmen. Er war der erste, der bei der Verabschiedung fragte, wann der nächste Kurs sei und ob er sich gleich anmelden könne.

■ So kann ich es auch sehen – die Sichtweise verändern

Regina Maria Bach

Anwendungsbereich:	Störungen beheben
Lernziel:	neue Sichtweisen bei Störungen
Zielgruppe:	10. Schuljahr und älter
Zeitaufwand:	10–15 Minuten
Material:	keine

 Innere Haltung

Manchmal ist es vorteilhaft, die eigene Sichtweise zu überprüfen und sich auf neue Sichtweisen einzulassen, um sich mit Wertschätzung begegnen zu können.

 Vorgehen

Wie kann ich Menschen deutlich machen, dass es zum besseren Verständnis unter Menschen nützlich ist, die eigenen Sichtweisen manchmal zu überprüfen und zum Nutzen aller zu verändern? Dazu biete ich meinen Schülern eine Übung an, die die Wahrnehmung aktiviert.

Ein Beispiel aus dem Klassenzimmer:
Eine Person wird gebeten, sich in der Mitte des Raumes zu platzieren.
Eine zweite Person platziert sich im Raum so, dass sie die Person in der Mitte des Raumes in einem Abstand von ungefähr sieben bis zehn Metern von vorne sieht.
Eine dritte Person platziert sich so, dass sie die Person in der Mitte des Raumes in einem Abstand von ungefähr sieben bis zehn Metern von hinten sieht.
Person Zwei und Drei lasse ich dann beschreiben, was sie an der Person in der Mitte wahrnehmen können. Unterschiedliche Beschreibungen sind zu hören.
Ich frage dann: *„Welche Beschreibung stimmt?"*

Hier wird schnell deutlich, dass beide Beschreibungen stimmig sind. Um die Beschreibungen zu verstehen und zu glauben, müssen die Personen Zwei und Drei die Plätze tauschen oder die Person in der Mitte dreht sich um.

Hier beginnt dann ein Klassengespräch, in dem es darum geht, wann oder in welchen Situationen ich mich manchmal bewegen und meine Sichtweise verändern muss, um einen anderen Menschen zu verstehen. Und einen weiteren Gedanken gebe ich als Anregung in das Gespräch ein: Muss ich oder die andere Person sich verändern, wenn nach einer Lösung gesucht wird? Die Schüler finden Beispiele aus ihrem Alltag und ein Denkprozess wird dadurch angeregt.

Wahrnehmen oder interpretieren – der kleine Unterschied macht's

Regina Maria Bach

Anwendungsbereich:	Konflikte und Auslöser von Konflikten/Umgang mit Störungen wahrnehmen
Lernziel:	Den Unterschied zwischen Wahrnehmen und Interpretieren kennen – ein Ansatz zur Konfliktlösung
Zielgruppe:	ab 8. Schuljahr
Zeitaufwand:	20 Minuten und länger – je nach Intention
Material:	Metaplankarten-Tafel

 ## Innere Haltung

Menschen für mögliche Ursachen von Konflikten sensibilisieren, Selbstwahrnehmung üben und in Eigenverantwortung handeln

 ## Vorgehen

Wenn Menschen über eine erlebte Situation erzählen, ist es ein Unterschied, ob sie ihre Wahrnehmung beschreiben oder ob sie die Situation interpretieren und ihre eigenen Bedeutungen hineinlegen.

Damit Schüler herausfinden können, ob sie eine Person oder Situation eher beschreiben oder interpretieren, biete ich folgende Wahrnehmungsübung an:

✗ Ich teile jedem Schüler eine Metaplankarte aus.

✗ Ich stelle mich vor die Klasse und sage, dass ich jetzt das Anschauungsobjekt bin, und bitte die Schüler, das aufzuschreiben, was sie an mir wahrnehmen. Ich gebe fünf Minuten Zeit für Notizen.

✗ Nach fünf Minuten gebe ich die Erlaubnis, die Beobachtungen zu äußern.

Ich zeichne in Form einer Aufstellung eine Tabelle an die Tafel.

Ich ordne die Aussagen der Schüler in die Tabelle ein, wie z. B.:

graue Hose	fröhliche Person
blonde Haare	selbstbewusstes Auftreten
bunte Halskette	freundliche Lehrerin
Turnschuhe	sportliche Kleidung
lächelt	...
steht entspannt	
nicht geschminkt	
...	

Dann frage ich, was den Unterschied ausmacht und trage links in die Tabelle „wahrnehmen" und rechts „interpretieren" ein. Die Antwort der Schüler sollte in etwa so lauten:

„Beschreiben' heißt: Ich sage genau, was ich sehe, höre, fühle. ‚Interpretieren' heißt, dass ich dem, was ich sehe, höre, fühle, rieche und schmecke eine Bedeutung gebe."

Ich frage nach:

✗ *Wie nimmst du wahr, dass eine Person fröhlich ist?*

✗ *Was siehst du? Was tut diese Person?*

✗ *Was meint ‚selbstbewusstes Auftreten'?*

✗ *Woran merkst du selbstbewusstes Auftreten?*

✗ *Wann könnte eine solche Aussage gemacht werden?*

✗ *Was meint ‚sportliche Bekleidung'?*

✗ *Wie beschreibe ich sportliche Bekleidung?*

Durch diese Übung wird automatisch ein Denk- und Reflexionsprozess über eigene Aussagen eingeleitet und darüber, welche Folgen es hat, eine Beobachtung oder ein Ereignis zu beschreiben oder zu interpretieren. Wenn Menschen über Menschen eine Aussage machen, ist es wichtig, zu wissen, was sie mit dieser Aussage wollen: Halten sie die Aussage beschreibend oder wollen sie mit der Aussage jemandem ein Kompliment machen oder eine Person verletzen oder schlecht machen?

Ein Beispiel:

Ich sehe einen Mann, braun gebrannt, groß, wuchtig, mit einer dicken, goldenen Halskette – ich deute und sage: dieser Zuhälter ...
Beschreibend betrachtet sehe ich einen Mann, der groß und wuchtig wirkt und um den Hals eine etwas breite, goldene Kette trägt.

Wenn eine Situation beschrieben wird, ist sie neutral gehalten. Wird eine Situation interpretiert, wird eine Bedeutung und eine Emotion hineingelegt. Die Aussage ist mit der persönlichen Bedeutung „gefärbt".

Ich frage die Schüler:

„Welche Situationen können Sie sich vorstellen, in denen das Ergebnis dieser Übung anwendbar ist?"

Das Thema wahrnehmen oder/und interpretieren kann noch an folgender Aufgabe geübt werden:
Verschiedene Bilder mit Alltagsszenen stehen den Schülern zur Verfügung.
Die Schüler finden sich paarweise zusammen: Eine Person beschreibt das Bild, die andere Person interpretiert und erfindet einen Geschichte zu dem Bild.

5

Specials

◼ Einführung

Maria Hublitz

„Wir lernen nicht nur für die Schule – sondern für das Leben."
Wie oft wird dieser Satz nur so dahingesagt? Im folgenden Kapitel finden Sie **Inhalte**, die jeder Schüler (und Lehrer) sowohl **im privaten als auch beruflichen Leben** braucht. Einsetzbar sind die Beiträge während des Jahres oder auch zum Jahresende.

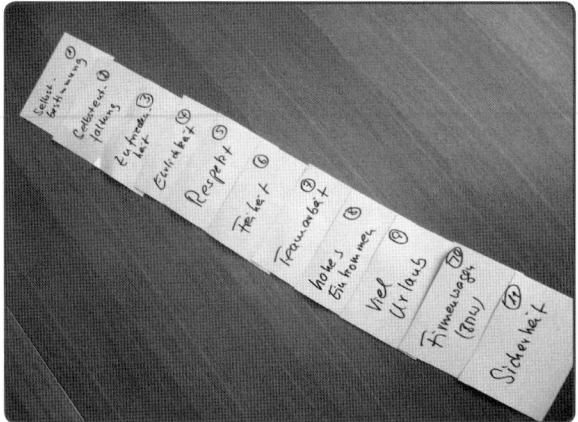

Es geht darum,

✗ wie man sich Ziele setzen kann, die dann auch erreicht werden können,

✗ wertschätzend miteinander umzugehen und sich gegenseitig Anerkennung zu geben,

✗ sich der eigenen Werte bewusst zu werden, was auch spannend für die Lehrkraft sein kann,

✗ wie der Selbstwert und das Selbstvertrauen der Schüler gestärkt werden können,

✗ den Schülern bewusst zu machen, dass sie die Verantwortung für ihr Leben übernehmen können.

Viel Spaß und Erfolg beim Ausprobieren!

Schmusebriefe

Maria Hublitz

Anwendungsbereich: Ende eines Schuljahres oder Klassenverbandes
Lernziel: eigene Stärken erkennen, Anerkennung und Wertschätzung Mitschülern gegenüber ausdrücken
Zielgruppe: Schüler, Studenten, Erwachsene, keine Einschränkungen
Zeitaufwand: 45 Minuten
Material: farbige DIN-A4-Blätter, Entspannungsmusik

 **Innere Haltung**

Es geht um die Wertschätzung der einzelnen Person, die Erkenntnis, dass jeder etwas hat, was anerkennenswert ist.

 Vorgehen

Gegen Ende des Schuljahres (immer aber in der Abschlussklasse), wenn sich die Schüler schon gut kennen, mache ich in einer der letzten Unterrichtsstunden folgende Übung:
Ich schreibe meinen Vornamen an die Tafel, indem ich die einzelnen Buchstaben untereinander schreibe, und gebe dann beispielhaft zu jedem Buchstaben eine meiner Fähigkeiten an. Dabei können die Buchstaben wahlweise am Anfang, in der Mitte oder am Schluss verwendet werden. (Wenn ich das Wort „Geduld" schreibe, lachen die Schüler in der Regel laut …)

Dann dürfen sich die Schüler ein farbiges Blatt aussuchen und bekommen den Auftrag, ihren Namen in schönen Buchstaben auf das Blatt zu schreiben (bei mehreren gleichen Vornamen soll der Nachname unten in der Ecke stehen).
Sie haben jetzt Zeit, zu den Buchstaben ihres Namens eigene Fähigkeiten und Stärken zu finden. (Wenn zu einem „X" oder „Y" nichts gefunden wird, hilft die ganze Klasse.)
Falls es den Schülern schwer fällt, eigene Stärken zu erkennen, gebe ich Hilfestellung.

Dann werden die Blätter weitergegeben an den Nachbarn. Dabei muss sich die Lehrkraft vorher überlegen, wie sie den Ablauf reibungslos gestaltet, und muss gegebenenfalls die Blätter von der letzten zur ersten Reihe bringen.

Der Auftrag lautet: *„Jeder Schüler schreibt nun auf das vor ihm liegende Blatt mit dem Namen eines Mitschülers etwas Nettes, eine schöne Erfahrung, etwas, das er an demjenigen schätzt, also auf jeden Fall etwas Positives."*

Dann wird das Blatt wieder weitergeben, immer in die gleiche Richtung.

Bei einigen Mädchen kommt es manchmal zu einem „Stau", da sie sehr viel zu schreiben haben.

Wenn jeder wieder sein eigenes Blatt vor sich liegen hat, sammle ich die Blätter ein. Daheim kontrolliere ich, ob wirklich nichts Negatives auf den Blättern steht. Dann schreibe ich noch einen persönlichen Gruß für jeden Schüler und verteile die Blätter schließlich mit den Abiturzeugnissen.

Von ehemaligen Schülern höre ich ab und zu, dass sie diese „Schmusebriefe" noch immer aufbewahren.

Wert-volles im Beruf

Maria Hublitz

Anwendungsbereich: vor Schulabschluss

Lernziel: Die Schüler erhalten Klarheit darüber, welche Werte für ihren Beruf wichtig sind.

Zielgruppe: erwachsene Schüler, Studenten, Erwachsene, keine Einschränkungen

Zeitaufwand: 30 Minuten

Material: DIN-A6-Kärtchen (je Schüler 8–10 Kärtchen), Schnur, Kopie „Liste mit gängigen Werten"

 ## Innere Haltung

Die Schüler der 11./12./13. Klasse sind dabei, sich für einen Ausbildungsplatz oder Studienplatz zu bewerben. Dabei sind ihre Wertvorstellungen bezüglich ihres Berufswunsches oft sehr diffus oder von gängigen Klischees (viel Geld verdienen, gleichzeitig viel Freizeit) beeinflusst. Mir ist es wichtig, dass sich die Jugendlichen schon vor der Berufswahl über ihre echten Wertvorstellungen Klarheit verschaffen.

 ## Vorgehen

Vor dem Erstellen einer Werteskala erkläre ich meinen Schülern: *„Menschen, die ihre wichtigsten Wertvorstellungen im Leben verwirklichen, führen ein glückliches und zutriedenes Leben. Der Beruf nimmt einen großen Teil der Lebenszeit ein – deshalb ist es für ein glückliches Leben wichtig, dass Sie Ihre Wertvorstellungen auch in Ihrem beruflichen Alltag verwirklichen."*

Zuerst überlegt sich jeder Schüler, welche Werte (8–10) ihm für sein künftiges Berufsleben wichtig sind, und notiert diese auf kleinen verteilten Kärtchen. Wenn Schüler sich schwertun, Werte zu finden, verteile ich eine Liste mit Vorschlägen (s. u.).

Die Werteskala erstellen die Schüler dann in Partnerarbeit. Schüler A nimmt den Stapel Karten von seinem Partner und beginnt, die Werte, die auf den ersten beiden Karten stehen, vorzulesen. Schüler B entscheidet dann, welcher Wert ihm wichtiger ist. Der unwichtigere Wert wandert unter den Stapel.

Nun vergleicht er den Wert auf der dritten Karte mit dem schon als wichtig ermittelten Wert, und wieder kommt der „unwichtigere" von beiden unter den Stapel. So geht es weiter, bis alle Werte miteinander verglichen sind. Am Ende bleibt der wichtigste Wert auf dem Stapel. Er erhält die Ziffer 1. Die Schüler verfahren dann mit den restlichen Werte-Karten genauso und legen letztendlich eine Werteskala fest, die die Schüler dann an einer Schnur anbinden. Dabei kommen die Werte, die ihnen am wichtigsten sind, an oberster Stelle.

Ich mache immer wieder die Erfahrungen, dass die Schüler letztendlich von der Reihenfolge überrascht sind, da sie oft im Vorfeld materielle Werte als sehr wichtig erachteten (mein Haus, mein Auto, mein Boot …) und nun als Ergebnis oft Werte wie Selbstbestimmtheit und Anerkennung für ihre zukünftige Berufswahl wichtig sind.

Eine Werteskala können Sie natürlich auch für andere Kontexte wie Familie, Freundschaft, Beziehung etc. anfertigen lassen oder auch für sich selbst zusammenstellen.

Liste mit gängigen Werten:

Ehrlichkeit	Offenheit	Sparsamkeit	Mut
Besinnlichkeit	Höflichkeit	Güte	Klugheit
Unabhängigkeit	Umweltbewusstsein	Partnerschaft	Ruhe
Treue		Wahrhaftigkeit	Konsequenz
Liebe	Schönheit	Warmherzigkeit	Zivilcourage
Freundschaft	Spiritualität	Freundlichkeit	Sensibilität
Zuverlässigkeit	Verantwortung	Dankbarkeit	Humor
Vertrauen	Wissen	Kooperationsfähigkeit	Optimismus
Gott	Luxus		Achtung
Hilfsbereitschaft	Prestige	Verständnis	Langlebigkeit
Toleranz	Status	Gemeinschaftssinn	Kinderliebe
Glück	Wohlfahrt		Tradition
Gerechtigkeit	Musik	Friedfertigkeit	Nationalgefühl

Freiheit	Demokratie	Selbstbeherr-schung	Ehrfurcht
Frieden	Gleichheit	Respekt	Opferbereit-schaft
Geld	Weltoffenheit	Umgangsformen	Muße
Erfolg	Harmonie	Vermögen	Idealismus
Sicherheit	Stabilität	Enthaltsamkeit	Lebensqualität
Wohlstand	Selbstentfaltung	Loyalität	Naturschutz
Eigentum	Fortschritt	Korrektheit	Hedonismus
Selbstbestim-mung	Internationalität	Gründlichkeit	Bescheidenheit
Familie	Nächstenliebe	Lust	Zufriedenheit
Gesundheit	Spaß	Reichtum	Abenteuer
Glaube	Meinungsfreiheit	Wirtschafts-wachstum	Fröhlichkeit
Freizeit	Mitbestimmung	Lebensfreude	Klarheit
Ehe	Menschenwürde	Reisen	Herzlichkeit
Kultur	Rücksichtnahme	Lebensfülle	Begeisterung
Genuss	Brüderlichkeit	Emanzipation	Geborgenheit
Heimat	Leistung	Ungebundenheit	Macht
Arbeit	Sexualität	Vitalität	Autorität
Beruf	Anerkennung	Autonomie	Ehre
Weisheit	Freizügigkeit	Partizipation	Selbstachtung
Kinder	Disziplin	Jugend	Zeitsouveränität
Fleiß	Bildung		
	Mäßigung		

 Zielcollagen

Maria Hublitz

Anwendungsbereich:	Ende des letzten Schuljahres
Lernziel:	Zielarbeit, Auseinandersetzung mit Werten und Zielen für die berufliche, finanzielle, persönliche, gesellschaftliche, gesundheitliche Zukunft
Zielgruppe:	Schüler, Studenten, Erwachsene, keine Einschränkungen
Zeitaufwand:	ca. 90 Minuten
Material:	möglichst eine Schere pro Schüler, Klebestifte, Lieblings-Zeitschriften der Schüler (plus zusätzlicher Fundus an Zeitschriften), pro Schüler ein DIN-A3-Blatt oder halbes Flipchart-Blatt, Entspannungsmusik für die Fantasiereise

Innere Haltung

Diese Zielvisualisierung setzt Energiereserven frei und erhöht die Konzentration auf die Zielerreichung. Das Ziel jeder Fantasiereise ist es, die eigene Fantasie als eine Quelle der Kreativität kennenzulernen und diesen Zustand für den persönlichen Lernprozess zu nutzen.

Vorgehen

Auch wenn immer zu wenig Zeit in meinem Prüfungsfach in den 12. Klassen vor dem Abitur ist, schaffe ich es dennoch, mit Schülern eine Zielcollage anzufertigen. Ich suche mir dazu einen Tag aus, an dem sie vor meinem Unterricht eine Klassenarbeit in einem anderen Fach geschrieben haben und in der Regel in der Folgestunde kaum für neuen Lernstoff aufnahmefähig sind. Außerdem kommen die Schüler dann schnell in eine bessere Stimmung und der Test ist rasch vergessen.

In der Vorstunde bitte ich die Schüler, Scheren und Klebestifte mitzubringen sowie ihre Lieblingszeitschriften, die sie aber zerschneiden müssen.

Ich beginne dann mit einem Zitat auf Folie/Flipchart:

> *„Wer das Ziel nicht kennt, wird den Weg nicht finden."*
> (Christian Morgenstern)

Dann bitte ich die Schüler, sich auf eine kleine Traumreise einzulassen, in der ich sie in die Zukunft führe: *„Wenn sich alles in deinem Leben perfekt entwickeln würde – wo würdest du dann in sechs Monaten, fünf Jahren, zehn Jahren stehen?"*

Fantasiereise zur Zielerreichung (mit Musik)

„Setze dich bequem auf deinen Stuhl (Kutscherhaltung), atme ein paar Mal tief durch und schließe deine Augen. Du hast jetzt die Möglichkeit, dich völlig zu entspannen und loszulassen. Und während deine Gedanken sich noch mit der ungewohnten Haltung beschäftigen, kann dein Körper sich an Situationen erinnern, in denen du völlig entspannt warst.
Nimm wahr, wie es ist, wenn dein Körper diese Erfahrung vollständig erlebt und lasse sie noch ein wenig intensiver werden, indem du jetzt alles loslässt, was dich noch einengt.

Und während dein Körper sich von ganz alleine weiter entspannen kann, kannst du mit deiner Aufmerksamkeit nach innen gehen, sodass du leicht innere Bilder und Töne entstehen lassen kannst.

Du wirst diese Reise zu einem Gipfel machen, sie beginnt im Tal – und du kannst für diese Reise all das mitnehmen, was du für deinen Aufstieg brauchst. – Dein Ziel ist der Gipfel! – Im Tal kannst du dich vorbereiten. Hier hast du die Zeit, die Reise zum Gipfel zu planen – allein oder mit anderen zusammen. Hier kannst du dir die Unterstützung holen, die sicherstellt, dass die Reise zum Gipfel – zum Ziel – für dich leicht und erfolgreich wird. Vielleicht gibt es im Tal jemanden, der diese Reise bereits erfolgreich durchgeführt hat und den du befragen könntest, welche Tipps er für dich hat. Vielleicht gibt es Abkürzungen zum Gipfel oder Kennzeichnungen, die dir den Weg erleichtern – Hilfsmittel, die dich unterstützen – vielleicht Seilbahnen oder Berghütten, wo du eine Pause einlegen und dich erfrischen, dich stärken kannst.

Im Tal kannst du alles einsammeln, was dich auf deinem Weg zum Gipfel – zum Ziel – unterstützt, z. B. deinen Mut, deine Erfahrung, deine Kreativität etc. Du entscheidest hier auch, wie du den Gipfel erreichen möchtest, ob der Weg für dich leicht sein soll und Spaß macht, ob du ihn allein oder mit anderen erreichen möchtest, wie viel

Zeit du dir für diese Reise nehmen möchtest, was du alles einpackst und was dich während der Reise begleitet.

Und es gibt viele Wege zum Gipfel. Du kannst dich hier entscheiden, ob du Wege nutzt, die sich bewährt haben – die andere auch schon zum Gipfel gebracht haben – oder ob du neue Wege zum Gipfel finden möchtest.

Hier im Tal kannst du dir auch schon einmal vorstellen, wie es wohl sein wird, wenn du den Gipfel – dein Ziel – erreicht hast:

Es ist ein halbes Jahr vergangen und du siehst, wie dein optimales Leben aussieht. Schaue dir alle Lebensbereiche genau an.

Was machst du **beruflich**? Hast du einen Studienplatz, machst du eine Ausbildung oder gar eine Weltreise?
Wie verdienst du deinen Lebensunterhalt? Welche Menschen begleiten dich in deinem beruflichen Alltag?
Wie sieht deine **finanzielle Situation** aus? Lebst du in einer eigenen Wohnung, zur Miete, im Haus? Wie finanzierst du dein optimales Leben?
Wie verbringst du deine **Freizeit**? Welche Hobbys betreibst du? Was tust du für deine Gesundheit? Treibst du regelmäßig Sport? Welche Reisen unternimmst du?
In welchen **Beziehungen** lebst du? Wie geht es dir mit deiner Ursprungsfamilie? Hast du einen Partner/eine Partnerin? Welche Freunde begleiten dein Leben? Wie sieht dein gesellschaftliches Umfeld aus?
Welche **Werte** sind in deinem Leben wichtig? Was tust du für dein persönliches Wachstum? Was ist für dich der Sinn des Lebens?

Welche Personen werden da sein?
Welche Erfahrungen wirst du machen, wenn du dein Ziel erreicht hast?
Was ist deine Belohnung?
Wie fühlt es sich an?
Je realistischer du dir deine Traumzukunft ausmalst, desto leichter ist es für dein Unterbewusstsein, dieses Ziel zu erreichen. (Pause)

Jetzt sind 5 Jahre vergangen und wieder nimmst du dir die Zeit und schaust dich in deinem traumhaften Leben um. Wie sieht es heute aus? Schau dir wieder alle Lebensbereiche genau an.

Was machst du **beruflich**? Hast du dein Studium, deine Ausbildung beendet oder bist zurück von deiner Weltreise?
Wie verdienst du deinen Lebensunterhalt? Welche Menschen begleiten dich in deinem beruflichen Alltag?

*Wie sieht deine **finanzielle Situation** aus? Lebst du in einer eigenen Wohnung, zur Miete, im Haus? Wie finanzierst du dein optimales Leben? Wie sehen deine finanziellen Reserven aus?*

Wie verbringst du deine Freizeit? Welche Hobbys betreibst du? Was tust du für deine Gesundheit? Treibst du regelmäßig Sport? Welche Reisen unternimmst du?

*In welchen **Beziehungen** lebst du? Wie geht es dir mit deiner Ursprungsfamilie? Hast du einen Partner/eine Partnerin? Bist du verheiratet? Hast du Kinder? Welche Freunde begleiten dein Leben? Wie sieht dein gesellschaftliches Umfeld aus?*

*Welche **Werte** sind in deinem traumhaften Leben wichtig? Was tust du für dein persönliches Wachstum? Was ist für dich der Sinn des Lebens? (Pause)*

Wieder ist Zeit vergangen und nach 10 Jahren siehst du dich nun in dem Leben, so wie du es dir für dich erträumst. Du wirst erfreut sein, wenn du siehst, wie dein Traumleben nun aussieht.

*Was machst du **beruflich**? Wie sieht dein Arbeitsplatz aus? Arbeitest du selbstständig? Bist du angestellt? Wer sind deine Mitarbeiter/Kollegen?*

Wie verdienst du deinen Lebensunterhalt? Welche Menschen begleiten dich in deinem beruflichen Alltag?

*Wie sieht deine **finanzielle Situation** aus? Lebst du in einer eigenen Wohnung, zur Miete, im Haus? Wie finanzierst du dein optimales Leben? Welche Geldanlagen besitzt du? Wie finanzierst du deine Urlaube?*

*Wie verbringst du deine **Freizeit**? Welche Hobbys betreibst du? Was tust du für deine Gesundheit? Treibst du regelmäßig Sport? Welche Reisen unternimmst du?*

*In welchen **Beziehungen** lebst du? Wie geht es dir jetzt mit deinen Eltern und Geschwistern? Hast du einen Partner/eine Partnerin? Bist du verheiratet? Hast du Kinder? Welche Freunde sind an deiner Seite? Wie sieht dein gesellschaftliches Umfeld aus?*

*Welche **Werte** sind in deinem traumhaften Leben wichtig? Was bedeutet für dich Persönlichkeitsentwicklung? Welchen Sinn gibst du deinem Leben?*

(Die Zeiträume können der jeweiligen Klasse/Situation angepasst werden.)

Und wenn dich diese Vorstellung lockt und es dein Wunsch ist, diesen Gipfel zu erreichen, dann entscheide dich, loszugehen – nimm all die Sachen mit, die dich unterstützen und dir diese Reise so angenehm wie möglich machen. – Nimm dir jetzt die Zeit, die Ressourcen, die Stärken in dir herzustellen, – all das, was du brauchst, um deinen Weg zu gehen, indem du dich an Situationen erinnerst, in denen du das bereits gehabt hast.

Und dann nimm den Weg zum Gipfel, für den du dich jetzt entschieden hast und geh los. Jetzt. (Pause)

Lasse dich überraschen, in welchem Tempo du deinem Ziel näher kommst.
Schritt für Schritt näher an das, was du erreichen willst ... (Pause)

Während du dich deinem Gipfel weiter näherst, kannst du dein Ziel immer deutlicher erkennen.
Und wenn du deinen Gipfel erreicht hast, kannst du spüren, wie es sich anfühlt, angekommen zu sein und dein Ziel erreicht zu haben. Lasse dieses Gefühl in dir stärker werden – intensiver – und auch die Erfahrung, wie du dieses Ziel erreicht hast. Genieße den Augenblick, das erreicht zu haben, was du dir vorgenommen hast. – Genieße das Gefühl, dass es jetzt da ist – mit all dem, was du an diesem Ort wahrnimmst: Farben, Geräusche, Töne, Stille, Gerüche ...

Nimm dir jetzt die Zeit, diese Erlebnisse vollständig aufzunehmen, sodass du dich jederzeit daran erinnern kannst, wenn du es brauchst.
Und mit diesen Erfahrungen und dem Wissen ‚Ich kann es!' verabschiede dich von dem Gipfel und geh den Weg wieder zurück ins Tal – in deinem individuellen Tempo.

Wenn du unten angekommen bist, komm mit deiner Aufmerksamkeit wieder hierher zurück, recke und strecke dich und öffne langsam deine Augen.

Ist es nicht ein gutes Gefühl, zu wissen, wie die Zukunft aussehen soll?"

Anschließend beginnen die Schüler, in den mitgebrachten Zeitschriften Bilder zu den jeweiligen Bereichen ihres Lebens auszusuchen und auszuschneiden. Auf den DIN-A3-Vorlagen erstellen sie dann die Collagen, wie sie sich ihr „wunderbares Leben" in zehn Jahren vorstellen.

Auf einem Tisch lege ich auf farbiges Papier kopierte Sinnsprüche zum Thema „Lebensmotto" bereit, die die Schüler zusätzlich auf ihre Collagen kleben können (s. u.).

Ich kontrolliere, ob nur Positives auf der Collage zu finden ist.
Diese Collagen hängen eine Weile im Klassenzimmer, dann nehmen die Schüler sie mit nach Hause und hängen sie meistens in ihrem Zimmer auf. Von ehemaligen Schülern weiß ich, dass sie immer noch dort hängen und einige Ziele schon erreicht wurden.

Lebensmotto – Beispiele

Trenne dich nicht von deinen Illusionen. Wenn sie verschwunden sind, wirst du weiter existieren, aber aufgehört haben zu leben. Mark Twain	Menschen mit einer neuen Idee gelten so lange als Spinner, bis sich die Sache durchgesetzt hat. Mark Twain	Gib jedem Tag die Chance, der schönste deines Lebens zu werden. Mark Twain
Nur wer sein Ziel kennt, findet den Weg. Lao-Tse	Es gehört oft mehr Mut dazu, seine Meinung zu ändern, als ihr treu zu bleiben. Friedrich Hebbel	Ich kenne keinen sicheren Weg zum Erfolg, aber einen sicheren Weg zum Misserfolg: Es allen Recht machen zu wollen. Platon
Es ist nicht zu wenig Zeit, die wir haben, sondern es ist zu viel Zeit, die wir nicht nutzen. Lucius Annaeus Seneca	Glücklich ist nicht, wer anderen so vorkommt, sondern wer sich selbst dafür hält. Lucius Annaeus Seneca	Bevor der Mensch die Welt bewegen kann, muss er sich selber bewegen. Sokrates

Der Langsamste, der sein Ziel nicht aus den Augen verliert, geht noch immer geschwinder, als jener, der ohne Ziel umherirrt. Gotthold Ephraim Lessing	Nur wer sein Ziel kennt, findet seinen Weg. Epiktet	Gib jedem Tag die Chance, der schönste deines Lebens zu werden. Mark Twain
Nicht weil die Dinge unerreichbar sind, wagen wir sie nicht. Weil wir sie nicht wagen, bleiben sie unerreichbar. Seneca	Es gehört oft mehr Mut dazu, seine Meinung zu ändern, als ihr treu zu bleiben. Friedrich Hebbel	Wer seinen eigenen Weg geht, begegnet immer Widerspruch. Aber man muss es eben riskieren. Wer nicht wagt, gewinnt nicht. Fontane
Der Mensch ist kein Mensch, wenn er aufgibt zu kämpfen. Sprichwort	Das Glück wohnt nicht im Besitze und nicht im Golde, das Glücksgefühl ist in der Seele zu Hause. Demokrit	Unser Leben ist kein Traum - aber es soll und wird vielleicht einer werden. Novalis

Feedback – den Rücken stärken

Regina Maria Bach

Anwendungsbereich:	Endspurt-Feedback
Lernziel:	auf sich selbst vertrauen und sich für den Endspurt rüsten durch Einholen von Feedback
Zielgruppe:	alle Altersgruppen
Zeitaufwand:	je nach Intensität 30 – 40 Minuten
Material:	Metaplankarten

 Innere Haltung

Im Verlauf eines Schuljahres wurden beim „Miteinander-Lernen" Fähigkeiten erworben, die das Selbstvertrauen stärken. Jetzt ist es an der Zeit, Feedback zu geben und Feedback anzunehmen, um den Endspurt gut zu meistern. Nach dem Motto „Ich bin ok – du bist ok" ist es an der Zeit, sich den Rücken zu stärken, um Erfolge zu sehen und zu erzielen. Vertrauen, Toleranz und wohlwollendes Miteinander stärken den Rücken.

 Vorgehen

Wenn Schüler ein Jahr oder länger gemeinsam Lernen, dann beobachten sie sich, arbeiten manchmal zusammen und wissen immer mehr voneinander. So ist es am Ende an der Zeit, sich gegenseitig den Rücken zu stärken, damit auch noch der Endspurt gelingt.

Ich lade die Klasse zu einer kleinen Übung ein: „Sich den Rücken stärken – sich Feedback geben."

Ich bitte die Schüler, sich in Gruppen mit jeweils fünf Personen zusammenfinden.

In der Übung geht es darum, dass sie sich gegenseitig mental den Rücken stärken. Sie sollen sich daran erinnern, welche Fähigkeiten die Personen dieser Gruppe haben und was ihnen an diesen Personen gefällt.
Jede Person bekommt dazu ein Bündel von Metaplankarten. Eine Person der Gruppe sitzt auf einem Stuhl und die vier weiteren Personen sitzen hinter dieser Person im Halbkreis, sodass sie den Rücken der vorne sitzenden Person sehen.

Dann schreiben die vier Personen jeweils auf ihre Kärtchen Fähigkeiten auf, die sie im Laufe des Jahres an der Person, deren Rücken sie sehen, wahrgenommen haben. Oder sie schreiben auf, was sie an dieser Person gut, toll oder bewundernswert finden. Auf ein Kärtchen kommt immer nur eine Aussage, also eine Fähigkeit oder eine positive Aussage über diese Person.

Jede der Personen sollte mindestens fünf positive Aussagen über die Person vor ihr finden. Wenn jede Person fünf Aussagen hat, dann wird dies nacheinander der vorderen Person mitgeteilt. Eine Person macht immer nur eine Aussage, bis alle mit allen fünf Aussagen dran waren. Wenn weitere Fähigkeiten einfallen, dann werden diese ebenfalls aufgeschrieben und mitgeteilt. Die Person vorne hört nur zu – sie genießt still – sie schaut geradeaus oder schließt die Augen. Wenn alle „Fähigkeiten" gesagt wurden, werden der Person vorne die Kärtchen als Bündel überreicht.

Jetzt geht die nächste Person nach vorne und deren Rücken wird mit positiven Aussagen und Fähigkeiten gestärkt. Die Übung ist zu Ende, wenn alle fünf Personen vorne waren und ihr „Kartenbündel" überreicht bekommen haben.

Alle haben nun ihr positives „Feedback-Kartenbündel" in der Hand.

Meine abschließenden Worte:
„Bitte erinnert euch nochmals an alle Aussagen, die auf den Kärtchen stehen, und schließt sie gedanklich in euer Herz. – Nehmt sie ganz in euch auf und spürt, wie sie euch stärken. Und nun stellt euch vor, ihr geht so gestärkt in den Endspurt, in die Prüfung oder schreibt mit diesem Gefühl eure letzten Arbeiten ..."

■ Der Bus deines Lebens

Alexandra Lux

Anwendungsbereich:	Haltung/Zustand
Lernziel:	Eigenverantwortung bewusst machen
Zielgruppe:	Jugendliche
Zeitaufwand:	ca. 20 Minuten
Material:	evtl. Bild eines Busses

Innere Haltung

Mich interessiert die individuelle Entwicklung der Jugendlichen und ich beobachte ihr Verhalten wertschätzend. Ich vertraue in ihre Entwicklung und traue ihnen zu, dass sie ihre eigenen Prozesse durchleben, auch wenn sie von meiner Vorstellung abweichen. Statt Empfehlungen gebe ich ihnen Anregungen, in eine Geschichte verpackt. Dabei beobachte ich neugierig kleine Reaktionen.

Vorgehen

In den Coachings oder auch in „normalen" Gesprächen erlebe ich immer wieder, wie die Heranwachsenden Begründungen für unangemessenes Verhalten oder Misserfolge im Außen suchen und diese mit aller Überzeugung mitteilen. Zum Erwachsenwerden gehört nun einmal dazu, immer wieder in bestimmten Schritten die Verantwortung für das eigene Handeln, Denken und Gestalten zu übernehmen. Natürlich müssen die Schüler es im geschützten Rahmen erst lernen. Dafür brauchen sie Bewusstsein für diese Entwicklung und ehrliche Rückmeldung, um zu erleben, wie ihre Verhaltensweisen im Außen wirken und wahrgenommen werden. So bekommen sie Referenzen und können wieder entscheiden, was sie verändern wollen.

Ich nehme dazu gerne eine Metapher, die Richard Bandler zugeschrieben wird: „Who's driving the bus". Als reales Bild habe ich einen Bus. Dann erzähle ich:
„Stelle dir vor, das wäre der Bus deines Lebens. Wenn du geboren wirst, ist dein Platz hinten im Bus – geschützt, mit vielen Möglichkeiten. Vorne sitzen deine Eltern und bestimmen, wohin die Reise geht: was du unternimmst, welche Freunde du hast oder triffst, welchen Kindergarten, welche Schule du besuchst. Mit der Zeit kommst du auf den Plätzen immer weiter nach vorne und beeinflusst die Fahrtroute, indem

du mal vorschlägst, wohin abgebogen wird. Doch die Verantwortung tragen weiterhin deine Eltern. Langsam übernimmst du für verschiedene Bereiche selbst das Steuer. Du entscheidest, welche Abzweigung du nimmst, und genießt in anderen Bereichen noch immer, dass du gefahren wirst. Nun geht es um deine Zukunft. Willst du entscheiden, was du in Zukunft machen wirst? Willst du andere entscheiden lassen und den bequemeren Weg des ‚Gefahrenwerdens' gehen? – Wann übernimmst du das Steuer für deine Zukunft? Wann setzt du dich ans Steuer und lässt dir evtl. noch Tipps geben, genießt es, dass du fragen kannst – wann aber entscheidest du, wohin du abbiegst, wann du anhältst, eine Pause machst, Freunde mit einlädst oder weiterfährst?"

Sehr schnell bekommen die Jugendlichen große, staunende Augen. Ich sehe förmlich, wie sich die Gedanken in ihrem Kopf bewegen und sie mir zustimmen, dass es doch schöner ist, selbst das Steuer in die Hand zu nehmen und zu bestimmen, welche Abzweigung sie nehmen.
Je nach Person und Vorkenntnissen baue ich noch verschiedene Begebenheiten der Jugendlichen ein.
Oft „entlasse" ich sie mit den Fragezeichen und dem Funkeln in ihren Augen aus dem Gespräch, denn ich weiß, welche Samen ich gesät habe. Es ist wichtiger, Impulse zu setzen, als immer gleich große Veränderungen zu erwarten.

6

Autoren-Profile

Rolf-Dieter Aff

Hainstr. 7
35305 Grünberg

Tel.: 0 64 01 44 18
Mail: rd.aff@t-online.de

Jahrgang 1955

Tätigkeiten
✗ langjährige Tätigkeit als Lehrer für Mathematik, Physik, Informatik und
Musik an der Gesamtschule Mücke (Vogelsberg, Hessen)
✗ fünf Jahre Lehrer in der Erwachsenenbildung (Bundeswehrfachschule
Hamm, Nordrhein-Westfalen)
✗ Seminartätigkeit als Trainer im Bereich Bildung und Erziehung, akkreditiert
als Anbieter für Fortbildungen in Hessen (SAL – Lerntraining und Weiter-
bildung)
✗ Entwicklung eines eigenen Ausbildungskonzepts (LernScout) im Bereich
Bildung und Erziehung (www.lern-scout.de)
✗ Anbieter von Fortbildungen zum Thema Classroom Management
✗ nebenberufliche Tätigkeit als Coach für Schüler und Auszubildende

weitere Ausbildungen/Qualifikationen
✗ NLP-Trainer, DVNLP
✗ Lehrtrainer (nlpaed)
✗ Gründungsmitglied des „Verbandes für neuro-linguistische Verfahren in
Bildung und Erziehung e. V." (nlpaed), siehe auch www.nlpaed.de

Regina M. Bach

Steubenstr. 8
68163 Mannheim

Tel.: 0621 8 35 58 83
Mail: remabach@googlemail.com

Jahrgang 1954

Tätigkeiten
- ✗ langjährige Tätigkeit als Diplom-Religionspädagogin und Beratungslehrerin an einer kaufmännischen Schule in Mannheim
- ✗ Seminartätigkeit als Trainerin für Selbst-und Sozialkompetenz
- ✗ Entwicklung von Selbst und Sozialkompetenztraining – evaluiert am Lehrstuhl für Wirtschaftspädagogik bei Prof. Dr. Ebner an der Universität Mannheim
- ✗ Neuentwurf des Unterrichtsfaches „Coaching zur Berufsorientierung"
- ✗ Seminartätigkeit im Bereich Persönlichkeitsentwicklung
- ✗ freiberufliche Tätigkeit als Coach

weitere Ausbildungen/Qualifikationen
- ✗ NLP-Lehrtrainerin und Coach DVNLP
- ✗ Lehrtrainerin (nlpaed)
- ✗ Jeux-Dramatique-Leiterin
- ✗ Improvisationstheater
- ✗ Lerncoach (nlpaed)

Gudrun Heinrichmeyer

Theo-Funccius-Str. 16
58675 Hemer

Tel.: 0 23 72 24 97

Mail:
Info@nlp-impulse.com
info@gudrun-heinrichmeyer.com

Homepage:
www.nlp-impulse.com
www.gudrun-heinrichmeyer.com

Jahrgang 1957

Tätigkeiten
✗ langjährige Tätigkeit als Diplom-Psychologin und approbierte Psychotherapeutin
✗ Coaching, Beratung und Supervision in eigener Praxis
✗ Gestaltung und Durchführung von Weiterbildungen und Organisationsentwicklung in Wirtschaft, Verwaltung und Schule
✗ maßgeschneiderte Seminare rund um die Themenbereiche Führung, Kommunikation, Konfliktmanagement, Stressbewältigung/Burnoutprophylaxe, Lernen etc.
✗ NLP-Ausbildungen

weitere Ausbildungen/Qualifikationen
✗ NLP-Lehrtrainerin, DVNLP (nlpaed)
✗ NLP-Supervisorin, DVNLPt
✗ NLP-Lehrtherapeutin, DVNLPt
✗ ProC-Lehrcoach
✗ Lerncoach-Trainerin, (nlpaed)
✗ akkreditierte INSIGHTS MDI® Beraterin
✗ PER-K®
✗ PSYCH-K® advanced

Maria Hublitz

Seefelder Str. 13
86163 Augsburg

Tel.: 0821 26719471
Mobil: 0173 8 61 57 94
Mail: m.hublitz@arcor.de

Jahrgang 1954

Tätigkeiten
✗ Dipl. Handelslehrerin, StDin
✗ langjährige Erfahrungen in der Sekundarstufe II im beruflichen Schulwesen
✗ Fachbetreuerin Wirtschaft BO Friedberg, Bayern
✗ Wahlfach-Schülercoaching
✗ Dipl. Betriebswirtin

weitere Ausbildungen/Qualifikationen
✗ NLP-Ausbildungen
✗ LernCoach (nlpaed)
✗ Mediatorin
✗ Konfliktmoderatorin
✗ Werte-Multiplikatorin im Bereich Schulentwicklung
✗ Wingwave Coach
✗ Im Schuljahr 2010/11 erhielt sie auf Vorschlag von ihren Schülern eine besondere Würdigung durch den Bundespräsidenten.

Herbert Just

Lindnerstr. 9
90482 Nürnberg

Tel.: 0911 3 93 79 10
Mail: herbjust@gmx.de

Jahrgang 1949

Tätigkeiten
✗ Dipl. Kfm., Studienrat des höheren Lehramts an kaufmännischen Schulen
✗ langjährige Tätigkeit als Lehrkraft an einer kaufmännischen Schule mit Schwerpunkt im IT-Bereich
✗ langjährige selbstständige Tätigkeit in der Organisationsberatung

weitere Ausbildungen/Qualifikationen
✗ NLP-Lehrtrainer, DVNLP
✗ Lehrtrainer (nlpaed)
✗ Lerncoach (nlpaed)
✗ Coachingausbildung (Bernd Isert)
✗ Classroom Management
✗ PDL
✗ Provokativer Stil
✗ Improvisationstheater
✗ Design Thinking
✗ Change Management

Alexandra Lux

Kurzbauerstr. 8
81479 München

Tel.: 089 70059606
Mail: info@alexandra-lux.de
Homepage: www.alexandra-lux.de

Jahrgang 1968

Tätigkeiten
✗ Montessori-Pädagogin
✗ Erfahrungen im Kindergarten- und Schulbereich, Leitungsarbeit
  und Erwachsenenbildung
✗ freiberufliche Trainerin
✗ Vorträge zu Bildungs- und Erziehungsthemen; Elternschule online
✗ LernCoach, LernBeraterin
✗ 1. Vorstand des nlpaed e.V. (Ehrenamt)
✗ Gründung einer Montessori-Grundschule, Mittelschule (Ehrenamt)
✗ bildungspolitische Aktivitäten

weitere Ausbildungen/Qualifikationen
✗ Montessori-Diplom
✗ Management in Erziehungs- und Bildungseinrichtungen
✗ nlpK® Trainerin (NLP, Kinesiologie, Hypnose, systemisches Arbeiten)
✗ LernCoach (nlpaed)
✗ NIG
✗ SAFE® Mentorin
✗ NLP-Lehrtrainerin, DVNLP

Christina Mager

Hermannstr.11
64589 Stockstadt
Schulleiterin i. R. (nach 40 Dienstjahren)

Tel.: 061 58 8 35 47
Mail: chmager@gmx.de

Jahrgang 1948

Tätigkeiten

✗ ehemalige Direktorin an einer kooperierten Gesamtschule
✗ Praxiserfahrung als Pädagogin in allen Schulformen (von Vorklasse bis FOS)
✗ Mitarbeit in einem Expertenteam zur Prävention des Medikamentenmiss-
brauchs im Jugendalter, Drogen-und Gewaltprävention
✗ Coachings und Seminare im Rahmen der gesunden Schule
✗ Mitarbeit in der Lehrerfortbildung und Schulleiterbegleitfortbildung
✗ LRS-Förderung, Integration von Behinderten im Regelschulwesen, Konzen-
trationskurse für Kinder, Kindermentaltrainings, Lerntrainings für Begabte,
Deutsch für Seiteneinsteiger, Alphabetisierung
✗ pädagogische Leiterin der Kinderuni Darmstadt (Ehrenamt)

weitere Ausbildungen/Qualifikationen

✗ Montessori-Diplom
✗ NLP-Lehrtrainerin, DVNLP (nlpaed)
✗ Lerncoach-Trainerin (nlpaed)
✗ TZI
✗ Mediation
✗ the work
✗ Kinder-Hypnotherapie, MEG
✗ Geoparkbegleiterin vor Ort in der Region Groß-Gerau